京绥铁路

革命史话

内蒙古篇

中国铁路呼和浩特局集团有限公司党委宣传部（企业文化部）编

中国铁道出版社有限公司
CHINA RAILWAY PUBLISHING HOUSE CO., LTD.

图书在版编目（CIP）数据

京绥铁路革命史话. 内蒙古篇 / 中国铁路呼和浩特局集团有限公司党委宣传部（企业文化部）编. -- 北京 : 中国铁道出版社有限公司，2024. 9. -- ISBN 978-7-113-31598-6

Ⅰ. F532.82

中国国家版本馆CIP数据核字第202439P1W3号

书　　名：京绥铁路革命史话（内蒙古篇）
作　　者：中国铁路呼和浩特局集团有限公司党委宣传部（企业文化部）编

责任编辑：付巧丽　　　　编辑部电话：（010）51873035
编辑助理：张建红
封面设计：崔丽芳
责任校对：苗　丹
责任印制：樊启鹏

出版发行：中国铁道出版社有限公司（100054，北京市西城区右安门西街 8 号）
网　　址：http://www.tdpress.com
印　　刷：河北宝昌佳彩印刷有限公司
版　　次：2024 年 9 月第 1 版　2024 年 9 月第 1 次印刷
开　　本：710 mm×1 000 mm 1/16　印张：20.5　字数：250 千
书　　号：ISBN 978-7-113-31598-6
定　　价：65.00 元

《京绥铁路革命史话（内蒙古篇）》编委会

主　任：马志军　奇雪蕊

委　员：任　宏　赵　欣　潘　龙

《京绥铁路革命史话（内蒙古篇）》编写组

组　长：赵建毅

组　员：赵秀平　王玉根

前　言

从1921年建党至今，中国共产党已经走过百年光辉历程。伴随着党的成长发展，京绥铁路亦历尽百年沧桑巨变。京绥铁路是中国共产党领导中国工人阶级登上政治舞台的最早发源地之一。为追寻革命先辈足迹，我们再次回望京绥铁路工人革命斗争史，深入挖掘京绥铁路红色历史所蕴含的伟大精神和时代价值。

北京至归绥（今呼和浩特）的京绥铁路，历史上也称平绥铁路，是连接内蒙古自治区、山西省、河北省、北京市的重要交通大动脉。1921年全线通车，1923年延长至包头，迄今已有百年历史。

百年京绥，汽笛悠扬；百年历程，波澜壮阔。

穿过历史的烟云，回望新中国成立之前的京绥铁路，我们可以清晰地看到，这条铁路自筑建起就展现出伟大的爱国主义精神。京绥铁路工人在党的领导下，为了民族独立、人民解放、铁路发展，与敌人进行艰苦卓绝的斗争，书写下可歌可泣的历史篇章。

为了纪念京绥铁路工人革命斗争的历史，传承红色基因，赓续红色血脉，教育后来者不忘初心、牢记使命，我们编纂了《京绥铁路革命史话（内蒙古篇）》一书。我们坚持以史为准，记录和传播京绥铁路革命故事，以历史进程为经，以发生在京绥铁路的主要革命故事为纬，查阅和选取从京绥铁路通车到新中国成立前，这一历史时期与京绥铁路相关的革命斗争事件和革命故事进行编纂。

建党初期，星火初燃，京绥铁路觉醒的产业工人，从最初为了生存和报酬而自发斗争，到后来在党的领导下汇成一股洪流，为民族利益甘愿抛头颅、洒热血，掀起了新民主主义革命时期全国第一次工运高潮。震惊中外的"京绥铁路工人护路运动"、声势浩大的"京绥全线车务工人大罢工"……在中国工运史上书写了光辉的一页，扩大了党的影响，传播了革命思想，维护了民族尊严，为工人争取了正当权益，给帝国主义、反动军阀和政府以猛烈打击，对内蒙古、河北、山西地区的革命斗争产生了深远的影响。

全民族抗日战争时期，京绥铁路工人在共产党领导下，为抗日队伍秘密运送军用物资、传送情报，袭击军列、阻止敌人"扫荡"，积极支援配合大青山抗日游击队作战，以机动灵活的方式与日本侵略者进行斗争，为赢得中华民族近代以来抵抗帝国主义侵略的第一次完全胜利，作出了积极贡献。

解放战争时期，京绥铁路工人在党的领导下，为了保护和捍卫京绥铁路，支援前线作战，不怕流血牺牲，在打倒国民党反动派、建立新中国的人民战争中，彰显出铁路工人大无畏的革命斗争精神，为解放全中国贡献了力量。

历史是最好的教科书，也是最好的营养剂。

在战火纷飞、风云激荡的年代，京绥铁路上无数革命先辈为了民族独立、人民解放，不畏艰难、英勇奋斗，有的献出了宝贵的生命；从战火中走来的先辈们为新中国社会主义革命和建设事业作出了积极贡献。他们的故事，是我们厚重党史的一部分，也是京绥铁路革命斗争史中浓墨重彩的篇章。

时间无言，但历史可寻踪，红色遗址可见证。

京绥铁路沿线的百年老站房，像珍珠一样镶嵌在千里京绥线上。它们曾掩于历史，如今正在见证历史。饱经沧桑、历经战火洗礼的白塔站、卓资山站、马盖图站、毕克齐站……依旧屹立在这里，讲述着属于它们的故事。它们陪伴了几代铁路人的成长，承载着无数人的记忆。它们不仅见证了京绥铁路的百年艰难发展史、光荣革命史，也见证了中国人民从苦难走向幸福的过程，见证了中华民族的伟大复兴之路。

历史是一面镜子。习近平总书记指出：“无论我们走得多远，都不能忘记来时的路。”我们要从历史中得到启示，继承发扬“坚持真理、坚守理想，践行初心、担当使命，不怕牺牲、英勇斗争，对党忠诚、不负人民”的伟大建党精神，传承铁路红色基因，赓续铁路红色血脉，踔厉奋发，勇毅前行，为奋力推进铁路高质量发展，勇当服务和支撑中国式现代化的“火车头”，为以中国式现代化全面推进强国建设、民族复兴伟业贡献草原铁路力量。

编者

2024 年 9 月

目 录

京绥风云 / 001

京绥风云

JING-SUI FENGYUN

綏
察
哈
爾
山
直
北

第一编

中国共产党创建和大革命时期京绥铁路工人革命斗争的蓬勃兴起

（1921年5月至1927年7月）

京绥铁路是我国著名爱国工程师詹天佑倡导、设计、筹资和具体指挥筑成的我国第一条自建铁路线。京绥铁路于1905年5月动工，全线分京张（张家口）、张绥（归绥，今呼和浩特）、绥包（包头）三期建成。1909年10月2日京张段即建成通车，1921年5月1日张绥段全线通车，1923年1月展修到包头。至此，京绥铁路全线通车，全长817.9公里，设大小车站66个，贯穿北京、河北、山西、内蒙古四个省区市，是沟通内地与西北的第一条交通大动脉。

五四运动中，工人阶级开始以独立的姿态登上政治舞台。从1920年夏起，各地共产党早期组织相继建立，他们在工人群众中，宣传马克思列宁主义，领导工人斗争，创办工人夜校，出版革命刊物。

1921年7月，中国共产党诞生，从此中国工人阶级有了自己坚强的战斗司令部。党的一大确定的中心任务就是组织工人阶级，领导工人运动。此后，成立了专门领导工人运动的机关——中国劳动组合书记部。

从1921年开始，京绥铁路工人持续不断地举行罢工斗争，到1922年出现了第一次工运高潮。从“路签事件”“晋升事件”到“护路运动”“索薪运动”……工人斗争此起彼伏，多以工人的胜利而告结束。在第一次工运高潮中，京绥铁路工人起到了先锋和骨干作用，推动了全国工运高潮的到来，成为中国共产党领导下工人运动高潮的重要组成部分。

京绥铁路第一次工运高潮，使党和工人阶级受到了锻炼，密切了党和工人群众的联系，发展了组织，积累了经验，极大地提高了党和工人阶级在全国人民中的威望。

1924 年 1 月，第一次国共合作开始，建立了革命统一战线，促进了革命形势的发展和工人运动的复兴。2 月 7 日，在中国共产党领导下全国铁路工人第一次代表大会于北京召开，正式成立了中华全国铁路总工会，对铁路工人运动的复兴起到推动作用。1925 年 5 月，在张家口成立京绥铁路总工会，京绥铁路的工人在总工会的领导下，开展了轰轰烈烈的活动和斗争。主要有成立俱乐部、组织工人纠察队、声援五卅运动、支援北伐战争、开展“二次索薪”运动、参与领导“孤魂滩事件”等。

这一时期的京绥铁路工人运动，从自发的小规模的斗争发展到中国共产党领导的震动全国的工人运动，产生了广泛的影响。京绥铁路线有三分之二路段在内蒙古或是临近内蒙古，它对内蒙古地区政治、经济、文化都具有重大意义，特别是加强了塞外与内地的紧密联系。京绥铁路工人运动在内蒙古地区传播了革命思想，扩大了中国共产党的影响，直接推动了内蒙古革命运动的发展，是内蒙古革命运动的重要内容。

京绥铁路修建概况

⑪ 詹天佑

京绥铁路始建于1905年，起自北京丰台，终至包头，全长817.9公里。20世纪初，京绥铁路贯通于北京、河北、山西、察哈尔、绥远等省市，是联通西北地区第一大干线。1923年，京绥铁路延修至包头；1928年，改名为平绥铁路；1949年10月，正式被命名为京包铁路。

京绥铁路的修建始于京张铁路。1905年，清政府决定由中国人自己筹资、勘测、设计、施工，建设京张铁路，并成立京张铁路局，任命詹天佑为总工程师。这段铁路之前有英国工程师进行过勘测，认为修建难度非常大，英国驻华公使更是轻蔑地表示：能够修建这条铁路的中国人还没有出生。原来，从南口往北过居庸关到八达岭，一路都是高山深涧、悬崖峭壁，特别是过青龙桥，爬坡难度特别大。因此詹天佑根据不同的山势、不同的地质，采用不同的隧道开凿方法，更是大胆设计了一种“人”字形路线，解决了火车在青龙桥段的爬坡问题。1909 年，京张铁路全线完工并通车，比原计划提前两年，举世赞誉。

在京张铁路尚未完工之时，蒙古族博尔济吉特·博迪苏就奏请清政府修建张家口至库伦的铁路，清政府驻库伦办事处大臣延祉也上奏修建此路。但是，邮传部路政司却主张修建从张家口至归绥的铁路。在对两条线路进行了可行性分析后，清政府认为“张库直线，货物稀少，不如先接轨归化（今呼和浩特市玉泉区一带）绥远（今呼和浩特市新城区一带），较为便利”。于是，清政府决定修建从张家口到绥远的张绥铁路，并于京张铁路通车当月（1909 年 10 月）动工兴建。

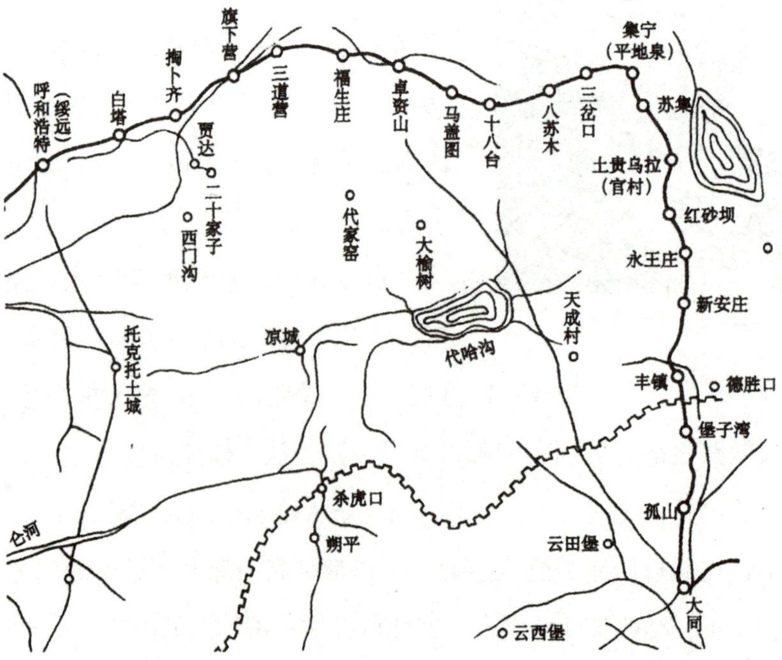

大同至绥远路线图

⑪ 京绥铁路归绥站通车庆典（1921 年）

当时，“中国铁路之父”詹天佑担任张绥铁路总办兼总工程师，是他亲自确定了张绥铁路的基本路线：由张家口经天镇、阳高往南抵达大同，再向北经得胜口出长城到丰镇，再向西到达绥远，全长 344.5 公里，分三个阶段推进，工期 8 年。但这条铁路的修建可谓一波三折。1911 年 10 月，张绥铁路从张家口修至山西省阳高县时，辛亥革命爆发，国内局势动荡，加之由英国控制的京奉铁路余利停止划拨，京绥铁路被迫停工，直到 1912 年才复工，1914 年张同段才完工通车。

1915 年，张绥铁路第二个建设阶段大同至丰镇段正在推进，却遭遇了资金短缺问题，京绥铁路管理局（原京张铁路局）借款 100 万元，作为补充费用，终于在 1915 年 9 月，将张绥铁路修至丰镇并通车。随后，第一次世界大战战火影响到中国的发展，国内局势混乱不堪，北洋政府权力争夺激烈，导致工程因资金短缺，停工近 3 年。无奈之下，京绥铁路管理局采用募集方式，向民间发放债券，筹集资金，但受国内局势影响没有收到预期效果。后经向日本借款，才于 1919 年复工，并在 1921

⑪ 1921 年 5 月 1 日京绥铁路通车，《绥远日报》头版刊登的消息

年 5 月修到归绥并全线通车。

第二次向日本借款后，1921 年 9 月张绥铁路继续向西修建，至 1922 年 12 月底修至包头。1923 年 1 月 1 日京绥铁路正式通至包头，成为贯穿北京、河北、山西、内蒙古，沟通内地与西北边疆的第一条交通大动脉。

京绥铁路早期工运风潮

京绥铁路沿线地区蕴藏着丰富的铁、煤炭、稀土等矿产资源，在经济、政治、军事等方面具有重要地位。京绥铁路通车后，年盈利额曾达200万元。但是，由于北洋军阀政府经营不善，贪官污吏把持路权、营私舞弊，又与外国公司勾结，出卖路权，使刚刚建成的国有铁路到了濒临倒闭的境地。京绥铁路工人遭受着极其残酷的压迫剥削，苦不堪言，劳动时间长、强度大、条件差，没有节假日，还比其他铁路工人的工资低。

五四运动以后，新文化思想和马克思主义的洪流沿着京绥铁路传入工人队伍中，从1920年开始，中国共产党早期组织和北京大学马克思学说研究会先后派遣何孟雄、罗章龙、邓中夏、高君宇、王仲一等人到京绥铁路上的南口进行调查访问、联络工人。当时长辛店工人运动正在开展，京绥铁路工人受到革命思潮的影响举行罢工，取得了胜利。

第一次罢工斗争

京绥铁路工人的第一次罢工斗争，是于1921年5月为反对铁路管理局当权者违反路章屡致重大撞车事故而举行的。当时，铁路《行车路签规则》规定，列车交换行车路签，必须由站长与司机直接交换。但是，不少站长玩忽职守，贪图享乐，轻视路章，不按规定交换路签，屡致撞车事故，司机、司炉十有八九丧生，甚至含冤承担肇事之责。铁路工人深为愤怒，自动联合起来向京绥铁路管理局呈文，据实陈情，要求站长严格照章交递路签，保障安全，但铁路管理局置之不理。于是，全路机匠工人举行会议，再次呈请局长维护路章，仍被拒绝。在反复以礼请求未果之下，5 月 11 日，京绥线从北京到平地泉（今集宁）段 519 公里全部机车停开，罢工一天一夜，迫使铁路当局答应了工人罢工的要求，斗争取得胜利。这是京绥铁路史上的第一次罢工斗争，罢工的胜利，使铁路工人看到了自己的力量。

第二次罢工斗争

1921 年 6 月 22 日，在北京共产党早期组织的指导下，京绥铁路机务工人为增加工资和反对取消司机、司炉的晋升章程又开展了一场罢工斗争。1921 年夏天，京绥铁路当局决定在机务系统中取消司机、司炉晋职晋级的规定，而改由交通部派员换替较高职务的工人。这一来，工人们只有受苦，没有升职的盼头，甚至有被他人接替而被解雇的风险。消息传出后，工人们个个火冒三丈，要去

⑪ 京绥铁路机务工人成立的精业研究所（张家口忠厚里二条七号）

找段长、局长评理。由南口、张家口、大同、归绥机务段工人组织起来的精业研究所负责人看到工人们的情绪高涨，便互相联系。他们分别派出工人代表马绪才、张洛海、董学勤、王守允等开会研究行动的步骤和对策。工人代表先找到南口机务段段长王弼，与其讲理。王弼态度蛮横无状，骂工人无理取闹，还扬言要把工人代表抓起来。工人代表立即召开紧急会议，决定全线罢工，这个意见得到了大家的一致同意。

1921 年 6 月 21 日清晨 7 点，京绥铁路线上，上百台机车发出怒吼声，汽笛长鸣达半个小时之久，响彻云霄，响彻塞外大地。随着汽笛声，京绥线 1000 多名机务工人，分别在南口、张家口、大同、归绥找段长争取。工人们不断发出吼声："反对取消司机晋升章程！""给我们增加工资！""不答应我们的要求，我们就不上工！"工人代表直接通电铁路管理局，与负责人通话，提出了 12 条要求，并要求当局尽快给予答复。

当时的京绥铁路线运营任务比较繁重，日均收入两万多元。机务工人罢工，火车头不动，全线的收入也就全泡了汤。在工人施压下，6 月 22 日，铁路管理局经过紧急磋商，只得答应工人的要求，同意保留司机晋升章程，给工人少量地增加了工资。在工人的强烈要求下，撤销了王弼等三个机务段段长的职务。这是京绥铁路工人有组织、有领导、有部署罢工斗争的首次尝试。罢工工人明确提出了"争人权、争自由"的政治口号，表明这次罢工已具有和以往经济斗争截然不同的性质，在政治上显示了工人阶级的力量。

第三次罢工斗争

在陈世华任京绥铁路管理局局长时，路政腐败达到极点。他滥用职权，网罗亲信，形成了多达400人的掌握实权的寄生阶层，而且巧立名目，向帝国主义洋行订购大量不急需的车辆和材料，从中索取巨额回扣，造成铁路管理局负债累累。陈世华仅向日本三井洋行就订购了价值2500万元的机车、货车、铁轨、枕木等，按15%索取回扣，共得赃款375万元。为了逃避罪责，他不仅给属下分赃，而且向各方行贿。由于陈世华所为，京绥铁路负债达3600万元，致使屡屡拖欠工人工资。

1921年12月11日，全路工人公举各处课课长出面，要求会计处处长李懋勋发放所欠11月份的薪水。李懋勋不但不发工资，还恶言辱骂、殴打工人代表。这激起了9000多名京绥铁路工人的极大愤慨。京绥铁路工人以此为导火线，于12月13日举行了全线机务工人大罢工，并向交通部控告陈世华、李懋勋的祸路罪行，强烈要求严加查处。当时北京《新社会报》以“京绥路完全停顿”为题，报道了这次罢工斗争。与此同时，罢工工人代表团果断地夺回会计权力，推出临时会计，打开金库，发放工资，并严正宣告:京绥铁路是先辈工人艰难缔造，是我中华民族之骄傲，如今濒于崩溃，完全是一二奸贼之祸，所以不驱逐陈世华决不复工。

北洋政府交通部迫于工人的压力，不得已派技监沈琪、司长祝书元，查处陈李祸路事件。经过查证，陈李在京绥铁路的一切舞弊黑幕全部揭开，给国家和铁路工人造成的恶果大白于天下。面对陈世华贪污祸路罪行，交通部只好以陈世华因病辞职为由，免去其京绥铁路管理局局长职务，由沈琪接任局长，给工人补发薪水。工人的罢工斗争取得了初步的结果，于18日复工。

京绥铁路
工会组织的建立

⑪ 李大钊

1921—1922 年，京绥铁路第一次工运高潮中，铁路工人举行了数次罢工斗争。尤其是在接受中国劳动书记部北方分部领导并取得胜利之后，工人们意识到，京绥铁路全线非常需要统一有力的工人组织来领导和指挥工运斗争。这就为京绥铁路总工会的成立奠定了思想和组织基础。京汉铁路工人积极筹备成立总工会的同时，京绥铁路成立总工会的工作也在积极筹备着。

1922 年 4 月下旬，中国劳动组合书记部邀请全国 12 个城市的 173 位代表，代表 20 余万有组织的工人，在广州召开了第一次全国劳动大会，号召全国工人成立工会组织，开展工运斗争。大会于 5 月 1 日举行。

1922 年，在中国劳动组合书记部北方分部主任李大钊的派遣下，何孟雄等以“密查员”的合法身份，到京绥铁路沿线开展工人运动。同年 8 月，在何孟雄领导下，京绥铁路车务工人成立了全路统一的京绥铁路

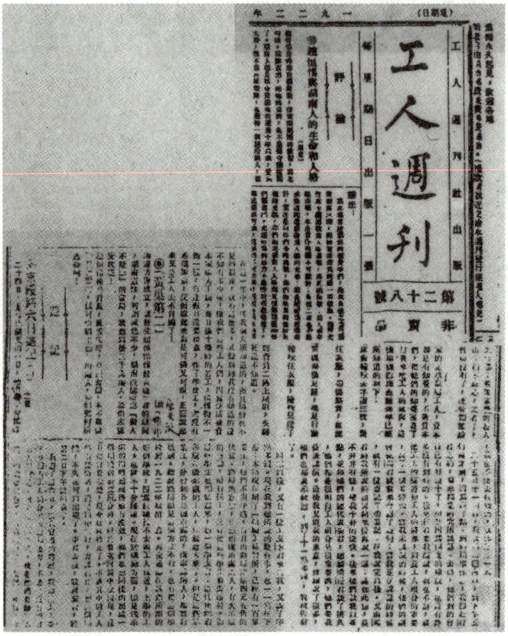
工人週刊
第二十八號
非賣品
每星期日出版一張
工人週刊社出版
評論
遊記

⑪ 1922 年 1 月 29 日、2 月 5 日《工人周刊》第二十七、二十八期刊登何孟雄以“之君”署名的《京绥路六日游记》

车务工人同人会，总会设在张家口，下设八个分会，即西直门、南口、康庄、张家口、大同、丰镇、平地泉、归绥。推选李连升（扳道夫）为会长，李泽（装卸夫）为副会长，何孟雄为秘书长。大同以西各分会的负责人为：杨风楼、张树珊、胡珍、魏化池、陈洪山等。同人会提出的口号为：“提高工人社会地位，维护工人利益。”以上这些组织，逐步形成了京绥铁路初期的工会组织，推动和发展了京绥铁路工人运动。

11 月 20 日，全国铁路工人首次代表大会在北京香山卧佛寺召开。京绥铁路工人选派代表参加会议，会议由邓中夏主持。大会讨论通过成立全国铁路总工会筹备委员会等问题，通过了开展工运斗争等决议。

第一次全国劳动大会和全国铁路工人首次代表大会，对京绥铁路总工会的筹备工作给予了明确的指导。

筹建京绥铁路总工会

随着形势的发展，到 1922 年末，在中国共产党的领导下，京绥铁路机务、车务、工务工人的组织，分别推选了工人代表，在张家口召开会议，商讨筹建“京绥铁路总工会”的问题。会议选出了李连升、杨干、李泽、徐宝山、张树珊、胡珍、魏化池、邢尚瑶等人为代表，何孟雄同志担任秘书长，着手组建“京绥铁路总工会筹备会”，并于 12 月 27 日挂出了“筹备会”的牌子。

1923 年，由于二七惨案的发生，京汉铁路工运斗争受挫，全国工运斗争暂时处于低潮。京绥铁路工运斗争也受到了影响。1924 年，中国工人运动有了新的转机。2 月 7 日，中华全国铁路总工会成立，京汉、京绥等全国 9 条铁路线的 20 多名代表参加了成立大会，总工会会址设在北京。中华全国铁路总工会的成立，使铁路工人运动出现了新的形势。

京绥铁路工人运动在新的形势下迅速发展，工会会员迅速增加。在中华全国铁路总工会检阅铁路工人力量时，称“京绥铁路车务工会有进步，仅会员就达 1500 余人”。

时隔不久，何孟雄同志回到京绥线，积极发动工人着手开始进行“京绥铁路总工会”的准备工作。全线各系统的工人组织与广大工人积极响应，他们从各个方面密切配合。

1925 年 2 月 7 日，全国铁路总工会在郑州召开第二次全国代表大会。杨风楼、魏化池、周振声等代表京绥铁路工人参加了大会。大会通过了十项决议、十项方针纲要，对全路工人的工会工作和工运斗争的开展提出了明确而具体的要求。

到 1925 年上半年，成立京绥铁路总工会的条件成熟了。5 月 1 日，工人们选择了在国际劳动节宣告成立京绥铁路总工会。参加总工会成立大会的有全国铁路总工会、京汉铁路总工会的代表和京绥铁路工人代表共200多人。全线各站张贴标语，挂出横幅，各地区和较大车站敲锣打鼓、鸣放鞭炮，工人们结队上街游行，欢呼庆祝。

参加会议的代表一致通过了工会章程，聘请何孟雄为秘书长，杨干、李连升为副委员长，李泽、蒋德元、徐宝山、胡珍、王金库等为委员。总工会会址设在张家口。总会下设八个分会：西直门、南口、康庄、张家口、大同、平地泉、归绥、包头。杨风楼为大同分会长、魏化池为平地泉分会长、胡珍为归绥分会长、陈洪山为包头分会长。与会代表选出了出席第二次全国劳动大会的代表。

总工会成立后，党组织派王仲一接任了何孟雄的京绥铁路总工会秘书长职务。京绥铁路的工人在总工会的领导下开展了轰轰烈烈的活动和斗争。

成立工会俱乐部，宣传革命道理

在京绥铁路总工会的倡导下，各分会所在地和较大站区都成立了工会俱乐部。工会俱乐部经常召集本站区和附近车站工人商讨各类问题，还办起了夜校，利用夜校向工人传授文化知识，传播马列主义和革命的道理。工会还创办了《工人》半月刊，刊登全国工运斗争消息和各类进步文章。

成立工人纠察队

在各分会的领导下，各站区、各单位成立了工人纠察队，少者十几人，多者几十人。纠察队维护治安，监视上司和工头打骂、体罚工人、克扣工人工资和福利待遇等行为，维护工人的利益，被工人们称为“工人第二政权”。

与社会革命组织联系，共同开展斗争

京绥铁路总工会成立后，在总工会的倡导下，各分会分别与当地社会革命组织取得联系。铁路与地方互相配合，协调一致，开展斗争，取得了良好的效果。铁路、地方工人群众彼此的力量都得到了充实。随着彼此间的密切来往，双方议定建立革命联合战线。

1925 年 11 月，京绥铁路工人参加了中国共产党在张家口召开的各革命阶层、各民族、各系统 200 余人参加的具有广泛群众性的内蒙古农工兵代表大会。李大钊同志亲自主持大会，在大会上发表了重要讲话。赵世炎、陈乔年、罗章龙、韩麟符、谭平山和李烈钧、徐谦等出席了会议，京绥铁路工人代表王仲一等参加了大会，并被选为执行委员。大会通过了《国民革命的任务》等决议，宣布内蒙古农工兵大同盟成立，选举李大钊为同盟会书记。大会作出了接受共产党的主张，团结各阶层、各民族群众共同走革命道路的决定。

⑪ 内蒙古农工兵代表大会门首（今张家口宝善街小学）

成立产业工人工会

1926 年 2 月 7 日至 15 日，中华全国铁路总工会第三次代表大会在天津召开。18 条铁路的 58 位代表出席大会，代表有组织的 21 万名铁路职工。大会在中共北方区委领导下进行，区委书记李大钊到会讲话。大会通过关于劳动立法等 28 项决议案和大会宣言，选举王荷波等 13 人为执行委员，施恒清等 6 人为候补执行委员，组成执行委员会，委员长为邓培。周振声等代表京绥铁路工人参加大会并被选为执行委员。这次大会前后，铁路总工会抓住有利时机，营救出大批京汉铁路工人大罢工以来被捕的工运骨干，使全国铁路工会组织迅速恢复起来。

1926 年夏，党组织派路作霖同志来到归绥车站，与归绥、包头分会的同志一起负责领导这一带的工人运动。他们积极与路外工人组织联系，经过商量，很快成立了京绥铁路西段产业工人工会。

产业工人工会联合成立了工人俱乐部，开办了工人夜校，组织铁路和路外的工人到夜校学习。产业工人工会的委员等人给工人讲课，向他们进行马列主义基本知识的教育，使工人了解到中国的国情，认识到帝国主义、封建主义和官僚资本主义是压在中国人民头上的三座大山。同时，也认识到自己的力量和工人阶级在中国社会、中国革命中的地位，提高了工人的政治觉悟。

被选为地区产业工会委员的归绥车站工人杨江汉和王贵，负责铁路与地方各工人组织的联系，他们及时传递各种情况，通知工人参加产业工会组织的各项活动。

四一二反革命政变之后，反动派大规模捕杀共产党员和革命群众，致使共产党员惨遭毒手，工人队伍遭到迫害。1927 年 3 月到 1928 年上半年，被杀害的共产党员和革命群众有 31 万多人。共产党员由 6 万人减少到 1 万多人。反动势力对京绥铁路工人运动进行了残酷的镇压。从北京到包头，各站的特务四处活动，军警、宪兵开进了车站、机务段等单位，强迫工人登记，揭发共产党员、工会负责人和工运积极分子，对张家口、大同、归绥等地的工运组织进行了破坏，砸毁了工会总部，封闭了工人俱乐部,逮捕了 100 多名工人运动积极分子,开除了 300 多名工人。大批工人运动积极分子逃离京绥铁路，一批工运领导人被逮捕。西直门的工会委员杨会恭、王荩臣，南口工会的张珍、王士芹，丰镇的杨立昆，归绥的于清泉等都被反动当局投入监狱。察哈尔特别区工委负责人多松年同志在张家口被捕后，被残酷地杀害。

白色恐怖笼罩了京绥线，工会组织被整垮了，工人俱乐部停止了活动，工人运动转入低潮。

共产党领导下的京绥铁路工人运动

中国共产党成立后，积极发动工人、组织工人开展工人运动。1921 年 7 月，党的一大通过的第一个决议规定，中国共产党在当前的基本任务是成立产业工会，“在工会里灌输阶级斗争的精神”，要派党员到工会去工作。为大力开展工人运动，在党的领导下，1921 年 8 月成立中国劳动组合书记部，出版《劳动周刊》，举办工人学校，组织产业工会，引导工人阶级走向全国团结的道路。北京、上海、武汉等地的工运斗争风起云涌，“劳工万岁”的呼声响彻全国。此时的内蒙古地区，以铁路和煤矿工人为主的工人队伍已逐步发展起来。京绥铁路工人在党的领导下，持续不断地进行罢工，成为中国共产党领导下工人运动第一次高潮的重要组成部分。

护路斗争的胜利

早在京绥铁路开通之际，英、美、俄、日等帝国主义国家就已经策划利用购车合同、贷款协议等经济手段，谋取京绥铁路的管理权。到了 1922 年，京绥铁路借贷到期而又无法偿还之际，帝国主义便露出了狰狞面目。美国太康洋行接二连三地通过外交途径向中国催债。屈服于压力，北洋军阀政府于 1922 年 6 月 12 日，以提高利息、举荐会计、监督收入，以京绥路权作抵押为内容，与之签订了丧权辱国的“展期合同”，将总共花 230 万美元向其购买 600 辆货车的欠款利息，由原来 8 厘增为 1 分 2 厘，并保证按期交款，如逾期不付，还将利息增至 1 分 8 厘；允许美方派一名会计监督车辆的运营和铁路财务收入情况，将收入的半数存入美方指定的银行，如车辆收入不够偿还，则用其他收入补足。这实际上是将京绥铁路路权出卖给美国太康洋行。觉醒的国人称其为丧权辱国的“亡路合同”。这份合同一旦生效，帝国主义的“黑手”将伸进京绥铁路的经营、管理，甚至是权属，以达到经济掠夺的目的。其图谋一旦得逞，国家丧失了路权，唯一的国有铁路濒临倒闭，工人的权益也难以保障。

这一出卖路权的消息，激起全路工人的极大愤慨。京绥铁路车务工人同人会在北方党组织领导下，从 8 月 6 日开始，掀起了声势浩大的“救国护路”运动。各站纷纷集会，张贴标语、散发传单、组成“救国护路团”，抗议反动当局的卖国行为。7 日，由林竞等 13 人组成的“救国护路团”赴京请愿，向交通部呈文，揭露交通部总长高恩洪与美国太康洋行签订的亡路合同。声明“现在该路员司，迫于公义，奋不顾身，对于此项亡路合同，誓死不能承认，内外一致，万众一心”。限期一周内撤销“展期合同”，并发表了《京绥路同人会反对交通部丧权之宣言》，陈述京绥铁路的重要性，表明陈世华祸路罪责难逃，交通部与太康洋行私订合同，实属丧权亡路之举，“京绥铁路为西北各省区命脉，京绥亡，西北各省与亡，而全国也难幸保，务祈同发义声，一致挽救”。高恩洪不仅没有接受工人的要求，反诬同人会无理取闹。19 日，京绥铁路全路工务、车务、机务工人及总局员司 500 余人集会，决定如不取消亡路合同，京绥铁路即与交通部断绝隶属关系而独立，并向交通部发出了最后通牒。21 日，由 500 余人组成的请愿队伍高举“京绥铁路同人救国护路请愿团”的大旗，举行示威游行，高呼“请求取消丧权卖路之合同”“请求惩办丧权卖路之高恩洪”“打倒卖国贼,取消亡路合同”“誓死不做亡国奴”“宁为护路而死，不忍偷安求生”等口号。22 日，请愿团向北洋政府陈述请愿缘由，要求惩办祸路罪魁和卖路主使者，京绥铁路要与交通部脱离关系，自行管理。高恩洪调动 200 多名警察和保安队伍，驻守京绥铁路管理局，企图武装镇压工人运动。但是，请愿团并没有屈服于反动当局的武装恫吓。30 日，再次递交呈文，请求依法提案弹劾，以彰法治。

与此同时，全国各界联合会为声援京绥铁路救国护路斗争通电全国，疾呼“京绥路为我国最完全之国有铁路……在政治上经济上军事上实占重要位置”，“查此种合同缔结之手续，绝对非法，当然不生效力”，“立盼国人详察合同内容，力保交通命脉，一致否认亡路合同，及其他借款契约，驱逐奸祟，整顿路务”，表示了对京绥铁路的极大关注。

由于京绥铁路工人的坚持斗争和全国人民的声援支持，8 月 31 日，交通部被迫致函美国太康洋行，撤回亡路合同，维护了京绥铁路的管理权，京绥铁路护路斗争取得了胜利。

在京绥铁路工人罢工斗争过程中，何孟雄受中国劳动组合书记部派遣，深入京绥铁路，组织“工人文化补习班”“工人夜校”，讲解马列主义和中国共产党的主张，亲自编出通俗易懂的诗歌和顺口溜，如“工人苦，工人苦，工人裤子破了没人补”“不做工的大肚皮，反把我们欺，起来，起来，结团体，最后胜利是我们的！”“我们工人是世界上最有用的，世界是我们创造的……”，以启发工人的阶级觉悟，认识工人阶级的历史使命。中国劳动组合书记部的机关刊物——《工人周刊》，在京绥铁路工人中流传；中国劳动组合书记部北京分部京绥铁路工人小组也在各站组织起来。这标志着京绥铁路工人运动已经在中国共产党的领导之下，进入了一个新的历史阶段。

全线车务工人大罢工的胜利

护路斗争虽然获得了胜利，但是铁路管理没有改观，依然盘剥工薪，变本加厉地压榨工人。1922 年 9 月 19 日，余塝任京绥铁路管理局局长后，只给全路员司每人增薪 5 元，工人却没有发清欠薪。当时，因直奉大战，当权者肆意贪污和挥霍，京绥铁路欠薪 8 个多月，劳资矛盾日趋突出，工人的生活每况愈下、苦不堪言。

对于当局这种蔑视工人、置工人生死于不顾的做法，工人们再也不

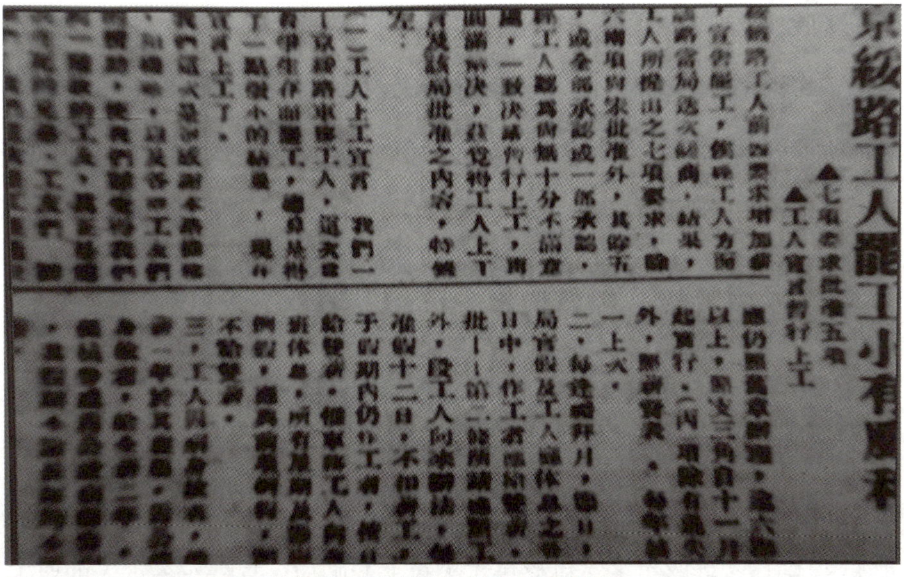
京綏路工人罷工小有
▲七項要求批准五項
▲工人宣言暫行上工

⑪ 1922 年 11 月《晨报》刊出的关于京绥铁路工人罢工胜利的消息

能忍耐，个个义愤填膺。在何孟雄领导下，车务工人同人会先后组织三次向京绥铁路管理局递交请愿书，提出补发欠薪、增加工资、不准随便开除工人、承认同人会代表工人的权利等 7 条 11 项要求。无人理睬。同人会决定由张家口、大同、康庄、西直门等站各派两名代表，前往京绥铁路管理局与局长余垿当面谈判。依旧无果。10 月 26 日，同人会也派代表到察哈尔都统府，向都统张锡元陈述了工人准备罢工的理由，被无理拒绝和无端羞辱。在中国劳动组合书记部北方分部京绥铁路地下党组织的周密部署下，同人会在张家口召集沿线各站工人代表开会，决定实行总同盟大罢工，由沿途各大站派两名代表到铁路总局继续请愿。

其间，归绥、包头铁路车务工人同人会不失时机地与张家口取得联系，组织领导绥包各站段铁路工人参加了京绥铁路全线罢工。工人们将有关计划和传单秘密分送到各站段，发动各站段向铁路当局提出“按时发工资”“保障工人工作安全”“不得随意开除工人”等要求。但铁路当局不但不予理睬，反诬工人的正当要求是“胡闹”“受坏人挑动”，威胁工人收回要求，否则将严加惩办，这就更激起了工人的义愤。10 月 27 日，忍无可忍的 1500 名铁路车务工人宣告正式索薪罢工。归绥、包头站首先举行罢工，其他各站纷纷响应，从包头站到西直门站客货运输即时停运，交通运输即告中断，京绥铁路全线瘫痪。对此，天津《大公报》1922 年 10 月 28 日专电报道：“京绥全路工人因交部欠工资不给，上呈质问不答，不得已于今早（二十七日）起全体罢工，京至绥完全停止开车。”10 月 29 日《大公报》又报道说：“京绥路罢工，因要求七条件，当局不允，故誓死不肯开工。今日（二十八日）该路机务、车务、警务三处全体加入罢工，形势扩大。”随后，铁路机务、机修等工人也群起响应，支援车务工人的罢工行动。罢工斗争迅速扩展到全路，实行总同盟罢工，全路 1.3 万余人参加。

总罢工持续三天，京绥铁路当局不断施展买通内鬼阻挠、勾结军警镇压等手段，企图策动破坏、镇压罢工，但是其阴谋屡遭流产，并激起持续高涨的罢工热潮。在工人们艰苦卓绝的斗争下，高恩洪只好答应了工人提出的大部分条件，在经济利益上对工人做出了一定的让步。10 月 29 日，张家口车务工人同人会发表《京绥路罢工胜利宣言》，肯定了罢工的成果和团结斗争的经验。宣布“我们京绥路车务工人，这次为着生存而罢工，总算是有了一点微小的结果”，号召“工友们，我们如果要争生存自由，那就应该大家联合起来，一步两步的向前进呀”，并宣布即日复工。

这是中国劳动组合书记部北方分部领导的有组织有计划并取得完全胜利的一次罢工。大罢工的胜利，为工人争取了正当权益，给帝国主义、反动军阀和政府以猛烈的打击，使中国共产党和中国劳动组合书记部在京绥铁路工人中的威信提高，锻炼和培养了一批优秀的铁路工人运动骨干，对内蒙古地区的革命斗争也产生了深远影响。

声援五卅运动

1925 年 5 月 15 日，上海内外棉七厂日本资本家枪杀了工人、共产党员顾正红，打伤工人 10 余人，引起了反对帝国主义的五卅运动。消息传到京绥铁路，全线工人无比愤怒。党组织领导成立了以京绥铁路工人为骨干的五卅惨案后援会，声援上海工人阶级反对帝国主义的正义斗争。刚成立不久的京绥铁路总工会成为工人运动的领导者，指示各分会组织工人与当地学校师生联合集会、游行，张贴标语，发表演说，控诉

⑪ 归绥各族各界集会声援五卅运动

帝国主义和反动资本家的罪行，并向上海、北京等地发出通电，声讨制造五卅惨案的日本帝国主义，并开展募捐，支援五卅运动和省港大罢工。

发动“二次索薪运动”

1925 年以来，奉系军阀、晋系军阀和冯玉祥的国民军，为了控制通往大西北的交通大动脉，在京绥铁路沿线展开激烈的争夺与混战。京绥铁路北京至张家口段被奉系军阀霸占；张家口以西则由晋军控制；归绥、包头一段一度属国民军势力范围，形成军阀割据局面，京绥铁路当局也难以统一管理，铁路经常遭到破坏，交通时断时续，铁路工人常领不到工资，生活在水深火热之中。1925 年年底，京绥铁路管理局欠下工人 7 个月工资仍不发放，工人生活困苦，纷纷向工会反映，各地分会把情况汇总于京绥铁路总工会。京绥铁路总工会召开工会委员会，研究行动方案，拟定了罢工计划。工会印好了罢工传单，经车务段工人秘密地分送到沿线各站。在京绥铁路各次列车上遍贴索薪运动的标语，并向冯玉祥任督办的西北边防督办公署发函说明运动的缘由，要求督办公署帮助。

⑪ 京绥铁路管理局为筹还积欠员、役、工、警薪津，发行的不记名兑换券

12 月底，京绥铁路总工会组织一批工人向铁路当局提出索要工资，当局不仅不理，反而污蔑工人是胡闹，是受坏人挑唆，扬言要严加惩办，这更激起了工人们的愤怒。工会向京绥铁路管理局发出通牒：如果再不发工资，京绥铁路工人全线罢工。京绥铁路管理局局长孙连仲迫于无奈，同意和工人代表交涉。在交涉中，孙连仲仅同意发一个月的工资，坚持不让。总工会委员长再次与铁路当局交涉，当局不同意。

1926 年 1 月 18 日，包头、归绥火车站首先举行罢工，全线各站纷纷响应，不到 24 小时，从包头到北京西直门，全线铁路工人举行总罢工。京绥铁路运输完全陷入瘫痪状态。京绥铁路当局手足无措，就连各系军阀当局也一筹莫展。京绥铁路管理局急于复工，以图减少损失，军阀急于西进，也想尽早称雄西北，于是提出与工人谈判。京绥铁路总工会委员长在纠察队的保护下，毅然赴京谈判。经过三天的据理力争，京绥铁路当局答应了暂发 4 个月的工资，其余部分年后再补。斗争胜利了，工人们看到了工会组织的力量，感到工会是工人的主心骨。

支援北伐战争

1926 年 7 月 1 日，在中国共产党的推动下，广州国民政府发表了《北伐宣言》。9 日，国民革命军正式誓师北伐。10 日，中华全国铁路总工会发出赞助北伐的通电，指示京绥、京汉等路工友，积极参加反奉战争。在北伐战争节节胜利的形势下，驻绥远一带的冯玉祥率领的国民军在苏联和中国共产党的帮助下，于 1926 年 9 月中旬在五原誓师，宣布脱离北洋军阀，参加北伐。冯玉祥的部队从绥远一带向西进发时，京绥铁路总工会响应中华全国铁路总工会号召，积极配合冯玉祥的革命行动。工人们在支持反奉系军阀战争的同时，组织了交通维持队，并由京绥铁路总工会副委员长杨干任大队长，随军出发，为军队服务，配合军队取得了一个个胜利。京绥线铁路总工会委员蒋德奎等人，会同绥远工委的同志，随军转战在内蒙古西部地区。

京绥铁路总工会成立一年多的时间里，组织工人开展了各项活动，在京绥铁路史上，掀起了工运斗争的第二次高潮，谱写了可歌可泣的光彩篇章。

“孤魂滩事件”中京绥铁路工人的重要作用

1927 年 3 月，在绥远爆发了震惊全国、规模巨大、影响深远的反对军阀统治的“绥远难民大会”运动，史称“孤魂滩事件”。

“孤魂滩事件”是绥远地委直接领导下，呼和浩特乃至内蒙古地区，以农民为主、社会各阶层都参加的一次民众运动。其中京绥铁路工人积极参与，成为运动的骨干力量。在斗争过程中，他们有胆有识，敢冲敢闯，发挥了工人阶级大无畏精神，起到了突击队作用，为斗争胜利立下了功劳。

1926 年底，晋绥军阀统治绥远，在人民身上敲骨吸髓，巧取豪夺。

清丈农村土地是勒索的办法之一。主要清丈农民赖以生存的被称作“夹荒余荒”的少量私垦地和牧草地。都统府在各县设立了“清丈地亩局”，办理清丈土地、换发地照，收取清丈费、夹荒押荒银，遭到农村各阶层群众的一致反对。

各种捐税名目繁多。农民过年时宰杀牛、羊、猪、鸡也要强征“割头税”。大小贪官污吏乘机搜刮，收税人员也向群众敲诈勒索，人民辛苦一年临到年关还不得安宁。

种种积弊使归绥百姓民不聊生，各阶层群众对军阀的苛政都异常不满，从农村到城市酝酿着一场革命风暴。在这“山雨欲来风满楼”的时刻，绥远地委密切注视着事态的发展，共产党员杨曙晓、路作霖、刘进仁、麟祥做了大量的工作。他们把工会、学联、农民协会各方力量拧在一起，决定共同发动和组织各族人民参加反对军阀统治的革命活动。

几经工运斗争考验的京绥铁路工人，有勇有谋，在整个事件过程中，发挥了重要作用。活动前夜，归绥站的铁路工人积极参与策划、组织这次斗争，铁路工人俱乐部的负责人路作霖、杨江汉、王贵等人带头与归绥手工业作坊的工人联系，沟通情况，联合起来组成行动突击队，做好游行示威准备工作。游行示威活动中，京绥铁路工人承担起突击队的作用，不畏牺牲，冲在前面。

当时正值国共合作时期，绥远地委和国民党绥远特别区党部决定以国民党绥远特别区党部名义公开组织这次活动，1927 年 3 月 26 日，召开了预备会议。会议决定：一是近日组织农民示威游行；二是要求废除清丈费，释放因抗拒缴纳清丈费而被监禁的农民；三是砸毁清丈局和捣

⑪ 参加“孤魂滩事件”请愿示威的各族各界人士

晨報

中華民國十六年四月七日

綏遠市民示威運動

反對開放煙禁

⑪《晨报》对“孤魂滩事件”的报道

毁县公署；四是定于 28 日在孤魂滩召开“难民大会”。

27 日，在归绥的共产党员组织各团体负责人一起作了会前准备。农民协会的工作人员把三封“鸡毛传贴”送到城郊东、南、西三个交通站，交通站通知各村农民协会组织会员和农民参加。城里的工人、学生、市民等由各群众组织召集。

“孤魂滩”位于归绥旧城南茶坊和西菜园之间，是一块沼泽地。最早是清朝乾隆年间设在城南的一个刑场，后来成了乱坟滩。为祭奠死去的冤魂，人们在这里修建了一座孤魂庙，就把这里称之为“孤魂滩”。

28 日凌晨，寒意如冬，树枝挂霜，草滩冰覆。城郊旗县各族农民多数半夜出发，和城里的工人、学生及部分市民共五六千人，手执各色小纸旗，肩扛铁锹、锄头、扁担、木棒、短棍，从四面八方涌向孤魂滩。集会游行总指挥、共产党员、铁路工人俱乐部负责人路作霖，指挥归绥学联的学生，在两个坟堆上栽上两根竹竿，挂起写着“绥远难民大会”六个大字的白布横联。横联下用土垒起的土台作为大会主席台，会场庄严、肃穆。大会主席致辞号召绥远社会各阶层积极参加这次反军阀的暴动。绥远地委和团委代表杨曙晓在讲话中愤怒揭露军阀当局对绥远各阶层、各民族残暴统治的罪行，发出呼吁“我们就像这坟里的孤魂一样，被欺侮压迫够了，我们坚决要翻身”，号召与会者团结一致、共同斗争，争取这场斗争的胜利。这时群情沸腾，“打倒军阀统治！”的口号在旷野上空回荡。接着农民、工人、学生、妇女各界代表先后登台讲话，从不同角度揭露军阀的黑暗统治，诉说绥远人民的痛苦，猛烈抨击贪官污吏。“反对清丈地亩！”“反对开放烟禁！”“取缔苛捐杂税！”“打倒贪官污吏！”等口号震耳欲聋。

大会结束后，在路作霖、杨曙晓的指挥下，由铁路工人、手工业工人和学生组成的突击队开路，浩浩荡荡的游行队伍举着“绥远难民大会”的横幅，按商定的路线，像一条巨龙从孤魂滩出发。队伍穿过史家巷，从大召前向东开进财神庙街。走在前面的突击队来到“归绥县清丈地亩局”，一举将地亩局的牌子砸了个稀巴烂。游行队伍从财神庙街出来，经过小南街、大南街，从大十字向西进入大西街、小北街，穿过杨家巷，直捣设在县府街的归绥县公署。沿路不断有群众从马莲滩赶来加入游行队伍。在大盛魁经理段履庄等人组织下，上三元、裕合兴、天顺泰、聚生泰等商号与钱庄、茶庄、烧卖馆等商界同仁，也打着小纸旗跟在游行队伍后面参加示威。游行队伍的声势越来越大，口号声此起彼伏。

面对浩大的示威运动，位于小南街的绥远特别区警备司令部司令李培基不敢轻举妄动，命令卫兵在司令部加强警备，并派出一排宪兵去保护归绥县公署。县知事冯延铸闻讯吓破了胆，携带家眷从后门逃走，只剩几个卫兵守门。当人山人海的游行队伍把县衙门包围后，愤怒的群众将紧闭的大门撞开，队伍潮水般地涌入县衙门。

捣毁清丈地亩局和县衙门之后，游行队伍转回大北街，把设在大北街的财政厅、政务厅和教育厅包围起来，高呼“打倒财政厅长仇曾治！”“打倒政务厅长屠义源!”“打倒教育厅长郭贵宣!”的口号，一举砸了三厅的牌子。中午时分，游行队伍出旧城北门向绥远城进发。沿途群众夹道欢呼，鼓掌助威。当游行队伍到达新城西门时，绥远都统如临大敌，四城门紧闭，大批军警布防在城楼和城墙之上，架着机枪，威慑群众。示威群众集结西门外，情绪高昂，高呼口号，直到傍晚才暂停示威，各自散去。

第二天清晨，示威群众三四千人再度集会，聚集新城西门外，强烈要求进城请愿。相持数小时后，当局怕事态扩大，被迫答应示威群众派代表进城谈判。示威指挥者经过协商，决定选派绥远各族各界代表15人参加谈判。开始，绥远都统仍不出面，只派人与代表们周旋，对示威群众提出的要求声称研究以后答复。代表们表示如不立即答复就不出城，就是杀头坐牢也在所不惜。城外的示威群众直至天黑，还见不到代表们出城，口号声不绝于耳。绥远都统被迫出来接见代表，经过激烈的争论，当局被迫答应了“难民大会”提出的包括撤销丈地局在内的全部要求。午夜之前，当局派卫兵打着灯笼送代表们出了城。等候在城门外的示威群众听了代表们的传达，热烈鼓掌。学生们“打倒列强，打倒列强，除军阀！努力国民革命，努力国民革命，齐奋斗，齐奋斗!”的嘹亮歌声响彻新城夜空，共青团员们还唱起了《国际歌》。在一片欢腾的气氛中，这场震惊全国的农民运动胜利结束。

“孤魂滩事件”是呼和浩特乃至内蒙古地区各族人民在中国共产党领导下，团结斗争，一致反军阀、反贪官污吏的革命运动。斗争轰动了整个绥远地区，是呼和浩特地区大革命风暴的高潮，推动了各地群众的革命和农民运动的发展，在内蒙古革命史上占有重要的历史地位。京绥铁路工人在这次运动中，从前期组织策划到运动中的积极参与，发挥了重要作用，在京绥铁路工运史上留下了光辉的一页。

第二编

土地革命战争时期平绥铁路工人革命斗争的艰难历程

（1927年8月至1937年7月）

1927年，正当工人运动迅猛发展的关键时刻，蒋介石、汪精卫等先后背叛革命，对共产党人和革命群众开始了大屠杀。至此，轰轰烈烈的大革命遭到失败，中国共产党及其领导下的工会组织遭到严重破坏，工人运动转入低潮。

1928年6月，北京改为北平，京绥铁路改称平绥铁路（1928年6月至1949年10月统称为平绥铁路）。

从大革命失败到全民族抗日战争前夕这十年，是中国共产党在极端困难的条件下坚持斗争的重要时期。平绥铁路工人革命斗争也开始了艰难的历程。白色恐怖下，国民党反动派大批捕杀工运领袖、工会干部和革命群众，解散和查封工会组织，指使特务、工贼、流氓建立“工会统一委员会”“工会整理委员会”“工会改组委员会”等官办工会，瓦解工人队伍。工厂遍设包探和反动工会头目，以监视和控制工人群众。工人运动暂时转入低潮，工人斗争开始了艰难的历程。

面对腥风血雨的环境，无所畏惧的平绥铁路工人把秘密工作和公开斗争结合起来。在绥远省特委领导下，建立归绥和包头铁路支部，恢复党组织，发展党员，秘密组织工人运动；争取一切可能利用的合法斗争，与国民党反动派“黄色工会”持续斗争。进行了反对“包工制、包伙制”“反对羁押和殴打工人”，反对“新章”和要求增加工资的斗争等，都取得了胜利。

恢复平绥铁路总工会，重建工人纠察队……平绥铁路革命斗争在艰难困苦中得到恢复和发展。

平绥铁路赤色工会和国民党“黄色工会”的斗争

四一二反革命政变后，京绥铁路工会组织受到破坏。国民党对待工人的手段虽然残酷，但工人的反抗斗争情绪却像蕴藏在地下的烈火，随时都将燃起。国民政府和京绥铁路当局看到，单凭武力不能让工人低头，工运斗争也不会因此而中断，于是便采取了反革命的两手策略：一手打击、镇压工运斗争；一手扶植“黄色工会”，以取代工人的赤色工会。

1928 年，国民党反动政府制定了一系列限制工人斗争的政策、法令，不准工人游行、集会、罢工、结社等，对工人实行“连坐法”，在工人中强迫推行“具结连保”制。企图通过这些禁令和办法，限制工人的活动，限制工运斗争的再度兴起。

但是，无以畏惧的平绥铁路工人的活动在照常进行，斗争在继续开展。

与“黄色工会”的首次斗争

国民党为了加强对平绥铁路工人的统治，1928 年 11 月在南口成立了“平绥铁路工会整理委员会”（简称工整会），即所谓的“黄色工会”。

他们选定了平绥铁路工人运动的中心地——张家口作为总部。总部占用原京绥铁路总工会旧址，挂出了招牌。而后在平绥全线各站区设立分部。铁路当局为其拨了活动经费，添置了设备，派出了3名整理委员，到处搜罗、扩充队伍。经过一番吆五喝六的忙活，还真有那么一小撮工人渣滓参加了“黄色工会”。国民党把他们视为工会的骨干，并给他们发津贴、下任务，让他们大量发展会员。然而，对这些工贼，工人们心里有数。他们虽然卖力，但失道寡助，折腾了半天，参加者却寥寥无几。

“工整会”的任务是监视工人活动情况，特别是监视共产党的行动，向国民党和铁路当局提供情报；打击和压制工人的正当要求，帮助工头管理工人，让工人俯首帖耳，为他们卖命。“工整会”想尽办法，给工人施些小恩小惠，如出面给工人发点救济粮等，以此作诱饵吸引工人。对原来工会骨干和负责人,“工整会”更是费尽心机,想方设法拉他们进“工整会”。可是，工人清楚，“工整会”是由国民党和铁路当局出面组织的，他们怎么能和工人一条心，怎么会给工人办实事。再说，“工整会”的头面人物和骨干，由叛徒、工贼、流氓组成，真正的工人群众怎么能和这些人为伍？组成“工整会”的这些渣滓，也注定了它的先天不足。

1928年10月初，北方局派中华全国铁路总工会常务委员萧明、平绥铁路总工会主席杨干，秘密回到平绥铁路张家口。他们召集工人积极分子，揭露国民党反动政府镇压工人运动的阴谋罪行和“黄色工会”的反动面目，使工人的心里更亮堂了。本来就让工人反感的“黄色工会”，这下就更没人接近它了。可怜的“黄色工会”实在难以立足，没到年底就无可奈何地夭折了。

萧明、杨干积极发动和组织工人，恢复工会组织。11月底，平绥铁路恢复工会的工作取得了成效，工人团结在共产党周围，加入了工会，有的地区又挂出了工会的牌子，工人们亲切地称这是咱们自己的赤色工会。

再次打垮“黄色工会”

国民党和平绥铁路当局，对“黄色工会”的夭折痛心不已，面对赤色工会的发展则恨得咬牙切齿。国民党为了加强对工人的控制，打击共产党的活动，1929 年夏天，在铁路全线设立了国民党特别党部。平绥路国民党特别党部设在北京，下设 9 个区党部、5 个区分部。10 月，国民党政府颁布了反动的“工会法”，这项法令对工会的组织和活动做了一系列规定，不允许共产党组织的工会存在，只有在国民党控制下并为其效力的工会才视为合法。平绥路国民党特别党部和铁路当局，妄图利用“工会法”取消或整垮赤色工会。与此同时，平绥线上早已夭折了的“黄色工会”抓到了救命稻草，妄图死灰复燃。经过了一番开台锣鼓，以原来“黄色工会”的一些人为骨干，再度出头，挂起了“平绥铁路工会联合会办事处”的牌子，并成立“平绥路工会联合委员会”。1929 年 11 月，平绥线上第二个“黄色工会”出世了。

他们故伎重演，一方面要求工人参加“黄色工会”，另一方面组织了一些说客，到处宣扬参加“黄色工会”的好处。“黄色工会”施用的种种伎俩，迷惑了少数工人，他们施舍的小恩小惠在少数工人眼里也产生了效应。但是，绝大多数工人清楚“黄色工会”真正面目。他们不信那些蛊惑人心的宣传，不接受他们的施舍，不参加他们的组织，不接受他们的指使，不给他们办事。

就在平绥铁路“黄色工会”第二次出世的这年冬天，绥远省发生了历史上罕见的水害及灾荒，工农劳苦大众陷入悲催的境况。因为爆发了中原大战，当地军阀从人民身上盘剥了 399 万多元的军费开支。反动政府的各级官吏趁机大发国难之财，致使平绥铁路沿线物价飞涨，工人生活难以维持。而铁路当局连续 17 个月不给工人发工资，更使工人活无生路。

这一时期，平绥铁路赤色工会组织虽然受到了挫折，但他们仍在秘密地开展活动。鉴于当时的形势，他们组织工人，要求“黄色工会”代工人向铁路当局索要工资。工人们说：“联合会办事处总说给工人办事，补发工资是我们最大的事，请先生们为我们办这件事！”起初，“黄色工会”的负责人假惺惺地说要向当局反映，但始终不见动静。工人们再次催促，他们却一板面孔，训斥工人不为当局着想，骂工人想要造反，如果再折腾，就向当局报告，派人来收拾他们。“黄色工会”揭掉了平时罩着的那层假面纱，工人们看到，“黄色工会”是国民党当局的代言人。

在这种情况下，平绥铁路赤色工会组织全线工人进行串联，一些地区开展了罢工、集会等抗议活动。随后又从全线的包头、归绥、集宁、丰镇、张家口等 9 个地区，选出了工人代表 10 人，到平绥铁路管理局去请愿。

其间，“黄色工会”极力破坏工人的抗议、请愿活动。他们利用在工人中收买的爪牙，探听、收集工人活动的情况，随时向国民党特别党部报告。他们制造谣言，说什么：“你们到北京请愿，不会有结果！”“谁再闹事就开除谁！”工人代表产生后，他们就把收集到的名单递到了国民党特别党部和铁路管理局。工人代表乘车前往北京，到了铁路管理局，早已得到消息的铁路管理局局长班显庭对工人避而不见，只派工作人员应付。工人们见在铁路管理局得不到结果，便去找北京市国民党市党部。市党部头目和铁路管理局局长经过密商决定采取两面派和阴谋手段对付工人，先把工人打发走。

于是，铁路管理局派人接见了工人代表，答应接受工人的要求。先补发两个半月的工资，其余的以后再发。工人代表不知道这是铁路管理局的阴谋，也不知道“黄色工会”的人员频繁地来往于平绥铁路，为当局提供着工人的各种信息。代表们返回的途中，北京卫戍司令部的特务将工人代表陈德录和张昆仑二人抓回北京，枪杀在北京天桥。

消息传回平绥铁路，工人们义愤填膺，纷纷起来开展斗争，酝酿举行大规模的示威游行。但“黄色工会”公开出面恫吓、威胁工人，利用收买的工人渣滓破坏工人的活动，分化、瓦解工人队伍，使工人示威游行、对死难者进行的全线悼念活动计划未能实现。而去北京的 11 名工人代表（后来又补了一名），除两人牺牲外，其余 9 名都被开除。对已经答应的工人要求，当局只字不提，所欠薪水，不予补发。

在这次斗争中，“黄色工会”的丑恶嘴脸暴露无遗。连原来受他们蒙蔽、跟他们跑的工人也认识到“平绥铁路工会联合会办事处”是国民党特别党部的走狗，是工人的内奸、工贼，他们丝毫代表不了工人的利益，而是工人的对头。

通过这次斗争，虽然工人受到损失，但“黄色工会”在工人中已经彻底名声扫地。他们的队伍只剩下一小撮顽固分子。这些人所到之处，听到的都是工人的怒骂声，有的还遭到工人的痛斥。如阳高车站的 20 多位工人，一起揪出了“黄色工会”的走狗、工头邵福臣，进行了围攻、殴斗。几个年轻工人按脑袋、拧胳膊，让他交代所干的坏事，直斗得邵福臣跪在地上连连求饶。苏集站的养路工人斗争了黄领工。平绥铁路沿线各地打“黄色工会”骨干、打工头的事连续不断，打得“黄色工会”的头头各自逃跑，铁路当局也无可奈何。

全国铁路总工会积极支持平绥铁路工人与“黄色工会”及铁路当局的斗争，为平绥铁路工运斗争专门提出了《斗争纲领和准备恢复平绥铁路总工会的意见》，指出：平绥铁路的工运斗争应以纯洁组织，反对改良主义，反对国民党特别党部为宗旨。中心工作是：建立赤色工会，打倒“黄色工会”。

在全国铁路总工会的指导下，平绥铁路工人的斗争更加猛烈。于是，仅维持了一年的第二代“黄色工会”于 1930 年 9 月宣告解散。

打垮了“黄色工会”，赤色工会随即恢复起来。1930 年 10 月末，工人自己的工会召开代表大会，恢复了平绥铁路总工会，选举了王建藩为总工会委员长。

最终取得胜利

平绥铁路“黄色工会”与赤色工会经过两个回合的较量，前者以失败告终，后者却蓬勃发展。气急败坏的平绥路国民党特别党部和铁路当局，边咒骂“黄色工会”的成员无能、废物，边总结教训。

经过一段时间的吵吵嚷嚷，他们得出的结论是：铁路工人难对付，只有采取强硬手段，才能使工人降服。于是，国民党特别党部宣布：按照国民党“工会法”规定，不承认赤色工会。要求平绥铁路总工会及所属分会立即解散，并查封了平绥铁路总工会总部。但是，国民党的通告在工人的心目中就是一纸空文。他们的暴行，工人早就领教过了。国民党虽然查封了工会，但却限制不了工会的各种活动。经过了“黄色工会”一番张牙舞爪的暴力行动，赤色工会的活动暂时转入地下。国民党特别总部对他们的战果颇为满意，以为赤色工会从此销声匿迹了，开始谋划再次建立“黄色工会”。

1931 年 4 月，“黄色工会”的第三胎——“平绥铁路总工会”在吵吵嚷嚷之中坠地了。其总会仍设在张家口，下属组织按地区分设了包头、归绥、集宁、丰镇、大同、张家口、康庄、南口、西直门 9 个分事务所。

愚蠢的“黄色工会”这次采取了一些所谓的新招。首先，他们为了虚张声势，壮大队伍，把全线工人硬性编入“黄色工会”的名册。规定入册者，即为其会员。他们到处夸耀：“黄色工会”有“万人大军”，如有不同意入会者，就要吃他们的苦头，轻者挨打受气，重者被开除。在他们的“万人大军”里，有的工人糊里糊涂被拉进去，有的连自己也不知道，便成了他们的会员。第二招是对原赤色工会的委员采取拉拢、利诱的手段。他们扬言，原赤色工会的委员加入“黄色工会”还可担任委员，并享受一定的待遇，给予一定的实惠。忙了半天，赤色工会的委员没有一个人买他们的账。

“黄色工会”的活动，表面上极力维护工人利益，组织工人开展文娱活动，组织话剧团、戏班子搭台演戏。他们的主要精力仍在监视破坏共产党和工人的活动，收集情况，打击进步工人，为国民党特别党部和铁路当局当耳目。工人们对“黄色工会”的本质很清楚，他们平时对“黄色工会”的成员极力回避，对组织的活动基本不参加，或是消极应付。所以，“黄色工会”的活动很难开展。

1931 年 9 月 18 日，日本侵略军占领沈阳，制造了九一八事变，接着占领了东北三省和今内蒙古东部地区。平绥铁路工人闻讯热血沸腾，共产党、赤色工会通过各种办法组织和发动工人开展抗日活动。包头、大同、张家口地区的铁路工人组织集会，散发传单，揭露日本帝国主义侵略中国的罪行和国民党反动派的不抵抗主义。此刻，平绥铁路“黄色工会”显得异常活跃。他们不是开展抗日活动，而是大量收集共产党和工人抗日活动的情报，向国民党特别党部汇报；威胁工人，配合铁路当局限制工人的活动，散布各种谣言，替国民党的不抵抗主义卖命。

广大工人对“黄色工会”的表演看得清楚，共产党的赤色工会秘密组织工人一面开展抗日活动，一面和“黄色工会”斗争。

⑪ 平绥铁路大同工会会章

9 月底，张家口地区铁路赤色工会成员王建藩、胡天祥等人组织机务、车务、工务等系统的工人代表秘密开会，打算组织一次大规模的行动。会上，代表们纷纷提出，这次行动一要反对日本帝国主义，二是要捣毁“黄色工会”。这个意见得到了与会者的一致赞成，并决定在平绥全线同时举行示威游行。两天后平绥全线各地区上万铁路工人，分别上街游行。

这天张家口地区铁路工人的游行声势为最大，上午 10 点，上千名铁路工人汇集于车站前广场上，赤色工会代表胡天祥宣布：“反对日本帝国主义侵略中国大会开始！”工人代表纷纷上台控诉日本帝国主义的罪行，随后开始游行。游行的工人队伍沿大街一路高呼：“打倒日本帝国主义！”“取消不抵抗主义！”“把日本帝国主义赶出中国！”沿途群众围观者无数，群众和示威工人同呼口号，共讨敌寇。这时，“黄色工会”的成员有的尾随在游行队伍后边探听情况，有的向国民党特别党部汇报请功。游行示威的工人队伍按照预定计划，分成两队冲向了国民党张家口铁路特别党部和“黄色工会”的所在地。到了门前，工人们一声呐喊：“工友们，冲啊！砸了这个反动据点！”“黄色工会”的几个党羽妄想阻止工人们的行动。工人们不由分说，把他们揪住，连推带打，赶了出去。工人们摘下了“黄色工会”的招牌，往地上一摔，几个人举起铁镐，搬起石头砸碎了牌子，随即工人挂上了赤色工会的牌子，工会的旧址又被工人占领。国民党特别党部也被工人砸了个稀烂，这两个平时干坏事、被工人痛恨的反动巢穴，受到了应有惩治。

随着张家口铁路工人的革命大旗，平绥铁路各地的工人也积极效仿。几天之内,全线各地的“黄色工会”都没有逃脱被毁的命运。盘踞在“黄色工会”里的工贼被赶跑。这一下“黄色工会”元气大伤,再也起不来了。而平绥铁路各地区工人自行恢复了赤色工会。

经过三番较量，平绥铁路“黄色工会”以彻底失败而告终，工人自己的赤色工会大旗始终不倒。随着全国革命形势的发展变化和工人斗争的需要，平绥铁路恢复工人总工会的条件已经成熟。共产党积极支持和组织总工会的成立工作。1933 年 5 月，平绥铁路东段组织了“御侮救亡会”，会址设在张家口，平绥铁路工人在该会的领导下，整顿、健全了分会和工会小组，重建了工人纠察队，后来改称“铁路纠察团”。

1933 年 8 月，平绥铁路总工会在张家口召开代表大会，宣布恢复平绥铁路总工会。大会通过了总会章程，发布了号召，选举了王建藩为委员长，王家骏、常金风、孟昭瑞、张连涌等为委员。成立了总工会下设的机构，其中有组织、宣传、总务、青工等。

包头“铁支”的组建

1927 年 12 月，平绥铁路工人在绥远省特别支部领导下，组建了归绥铁路党支部，汤江汉任书记，王贵、晓宏为委员。1933 年 4 月，平绥铁路党支部成立。这为党在平绥铁路恢复、开展工人运动奠定了一定的组织基础。

1933 年 8 月，绥远省特别委员会（简称绥远省特委）成立，任命刘仁为书记，吉合为组织部部长，梁一鸣为宣传部部长。工作地点设在包头县（今包头市）东门大街外。

特委分工，刘仁负责全面工作；吉合负责农民运动，重点在蒙古族聚居的农牧区；梁一鸣负责铁路工人运动。1934年春，上级又派鲁贲、安建平夫妇来包头参加特委工作，鲁贲任特委委员。

⑪ 绥远省特别委员会旧址（今包头东河区东门外）

鲁贲到绥远省特委后，

主要负责青年团工作，重点放在铁路和煤矿工人中。

⑪ 赤色工会活动的地方（包头站东官房）

包头铁路工人运动在绥远省特委的组织领导下，以包头火车站为中心，如火如荼地展开。特委书记刘仁深入到铁路工人中，联络在大革命时期参加过罢工的老工友，同时结交新工友，了解工人劳动、工资和生活状况，有针对性地启发他们的觉悟，使其认识到，只有斗争，才能维护工人阶级的利益，争取人生的权利，从中调动起工人群众进行反剥削斗争的情绪，并注重发现和培养工人中的积极分子。

与此同时，绥远省特委择机从工人积极分子中发展党员，建立起包头铁路支部（简称“铁支”），由包头铁路职工业余学校听差张廷珍担任书记，裴凤山和包头铁路扶轮小学（铁路职工子弟小学）工友陈正平等五人为支部成员。同时，赤色工会小组相继成立，发展会员 50 多名。

为了增强包头铁路党支部力量，绥远省特委又抽派有斗争经验的两名共产党员深入包头铁路工人中做宣传、动员，协助“铁支”和赤色工会小组工作。

1933 年 8 月至 1934 年 5 月，绥远省特委领导“铁支”在包头站开展铁路工人运动，取得阶段性胜利。

1934 年 6 月至 7 月，包头铁支在绥远省特委的领导下，开展了改造原工会和建立赤色工会的工作。6 月，包头铁路段工程处工人党员发展至 13 人，组成一个工作委员会，张廷珍任书记，设立 4 个小组，建立起一个 3 人的支干会（支委成员均为干部、干事）。8 月 13 日，《中共驻北方代表给绥远省特委信》中强调："以党和赤色工会小组为骨干，团结'黄色工会'下的群众，在自己的周围建立平绥路包头铁路工人委员会。在这基础上去开展平绥全路反对与瓦解'黄色工会'的工作，恢复与发展我们在归绥、张家口、大同、平地泉、北平等五个城市中的工作堡垒，去争取平绥工人的大多数。这是摆在绥远党组织面前的战斗任务。"

⑪ 绥远特委领导包头铁路工人罢工

根据指示，绥远省特委负责铁路工人运动的梁一鸣具体领导了包头"铁支"筹备组织党的外围组织——赤色工会委员会的工作。支部书记陈正平向梁一鸣汇报了工友们都想参加赤色工会的情况。梁一鸣向陈正平说明改造"黄色工会"既要进行斗争，还要注意团结大多数群众的重要性，同时交代改造"黄色工会"、成立赤色工会的程序和注意事项。包头铁路赤色工会委员会在赤色工会小组骨干的带动下，很快组建起来。

在自身坚持斗争的同时，包头"铁支"在绥远省特委的领导下，针对车行订立的不合理的公约和规定，举行了罢工并取得胜利。在罢工斗争中，"铁支"从洋车行工人中培养了多名积极分子，成立了赤色工会小组，从而使工运工作有了新的拓展和延伸。

绥远省特委在包头坚持地下斗争两年之久，经历艰辛，在群众中播下革命火种，使局部斗争取得胜利。

包头“铁支”领导下的铁路工人运动

在绥远省特委和包头“铁支”的领导下，包头铁路工人进行了一系列的斗争。如反对“包工制”“反对羁押和殴打工人”，反对“新章”和要求增加工资、“减少工作时间”的斗争等。

1933 年，“铁支”成立后和赤色工会小组一起深入铁路工人中，启发铁路工人认清“包工制”剥削的本质，使大家清楚认识到平绥铁路管理局规定的大工每月工资 9 元、小工 7 元 2 角，这些根本没有落实，而是通过工头包工，每月只发给大工 3 元、小工 2 元，其余工资都被工头和段长私吞了。因此，工友们只有团结起来进行斗争，才能得到应有的工资。

其实，工友们早就对工头和段长恨之入骨。他们扣了这钱那钱后，名义上包管工人吃饭。实际上工头管饭，不让工人吃饱，一年 365 天顿顿是沙子糜米饭、老咸菜、白菜帮子汤。按惯例每年端午节、中秋节、农历年是三顿好饭，但“过时不候”。这年端午节，有个工人病了，午饭吃不下去，晚上病好了些，到伙房想要个馒头吃。当时工头打牌去了，老板娘在屋里喝酒，听说是要馒头吃，立刻就火了，大骂道：“不想干就滚蛋！”这个工人只好忍气吞声地离开了。几天来，他憋屈得实在难以忍受，于是在工地上跟工友们说了这件事。大家听后都很气愤，异口同声地说："咱们不吃工头的饭了，把钱要回来自己起伙。不答应，咱们就和他斗！"这与特委、"铁支"和工会的初衷不谋而合。铁路工人群众明白了这些道理后，更加坚定了反对剥削、为争取人身权利而斗争的信心和决心。

反对包工制的斗争首先在铁路七分段养路工人中酝酿，道班和飞班的工人听说后也积极参加进来。"铁支"书记裴风山秘密到磴口（今包头东河区东兴）、萨拉齐、美岱召等铁路沿线各站道班联络、动员，得到工人们一致拥护。在工会小组的组织下，包头车站成立了"反包工头委员会"、纠察队，工会骨干们将印出的300多份传单发放到包头及平绥铁路沿线各站，并多处张贴标语，大造舆论，唤起了工人的觉悟……在此基础上，决定于8月24日8时在包头火车站集合，举行罢工。

⑪ 平绥铁路包头地区工人大罢工遗址（今包头东站）

8 月 24 日一早，包头地区和沿线各站的数百名铁路工人聚集在包头火车站广场开会。绥远省特委派来的同志宣布罢工开始，即刻宣读了铁路工人的八条要求：1. 取消工头；2. 各开各支；3. 取消生工；4. 要回手戳，做工要有名字；5. 由包工头给每个工人退回七、八月薪金二元；6. 不准工头开除工人；7. 因工致伤请假不准扣钱；8. 以上各条自 9 月 1 日起实行。随后，当场推举裴凤山、机务干事孙庆元、工会干事黑皮张（化名）等五人为代表，将书面八条意见书送交工务段段长于宪龙，叫他签字盖章。

第一天斗争没有结果，第二天工人们又聚集于包头站，要求段长签字。于宪龙装病推脱，直到第四天傍晚，还是不签字。愤怒之下，特委的同志和工人代表带领数百名工人一起拥向于宪龙住的院子。院门口和房顶上站着持枪的卫兵，将枪口对准工人，大声吼叫："不许往里走！"一个工人冲上去，一把将士兵推倒，屋顶上的卫兵朝天开枪。工人们毫无惧色地喊："有本事对着老子开枪。"工人们排成队，手挽手一直往里走，工人纠察队在队伍两边做警戒。卫兵们吓得只好去报告于宪龙，一个听差进去转了一圈儿，回来对工人们说："段长病得厉害，答应明天八点上班再谈。"工人们齐声喊："不行，我们几百人等着吃饭，他那点儿病算什么？"听差只好再去请。这次来了个段长秘书，工人们一齐轰赶："快回去吧，你说话不算数；回去，他再不出来，我们就冲进去了！"秘书灰溜溜地跑了回去报告于宪龙。过了 20 来分钟，段长于宪龙终于露面了。他穿着大衣，围着围巾，拄着拐杖，像个"病人"，在罢工工人强大的压力下，被迫签了字。特委的同志发现他只签字不盖章，喊道："签字不盖章，还不是一张废纸。"工人们大声喊："盖章、盖章……"于宪龙无奈，只好盖了章，并当众宣布了工人自己起伙，每月实领全部工资，废除"包工制”，自 9 月 1 日起执行。宣布后，于宪龙等人想趁机溜走，不料被工人代表揪住，要求将“顶替他人名字干活的工人姓名改成实名”。原来这也是于宪龙等人的一笔额外收入。当时铁路管理局规定，每年腊月给工人发双倍工资。由于许多工人都是顶替别人的名字干活，所以年终双薪都被段长和工头冒领了。这时，工人们抓住时机，迫使于宪龙等人将这些工人的名字改成实名，从而年腊月能得到双倍工资。工人们情绪高涨，不停地高呼“打倒包工制”“团结起来力量大”等口号，欢庆胜利。

对于包头铁路工人开展的罢工斗争，刘仁于 9 月中旬赴北平向党组织北方局作了翔实汇报。负责秘书工作的李华生传达了北方局的三点指示：1. 建立赤色工会领导机关，建立工会中的党、团组织，提高与加强赤色工会的地位与作用，加强对工会工作的领导；2. 在工人群众中宣传上次斗争的经验与教训，讨论、布置今后的斗争，发展和开展武装工人运动；3. 揭露日本帝国主义与内蒙古王公勾结进行“内蒙自治”的阴谋，揭露国民党卖国投降政策，开展反帝运动的工作，采取各种斗争形式，使工人运动蓬勃开展起来。

9 月 29 日，“反包工头委员会”召开庆祝会。会上将“反包工头委员会”改为“工程处工人委员会”，成立了团结工人斗争的公开组织机构。

包头铁路工人罢工斗争的胜利，震动了平绥铁路管理局和国民党反动当局。国民党派出大批侦探和宪兵到包头镇压工人运动，逮捕了 6 名工人。但是罢工的胜利，使工人们觉醒，看到了希望。大家决心保卫胜利果实，坚持斗争到底。

打倒“包工制”后，段长、工头、监工以及反动当局不甘心失败，他们想方设法准备恢复“包工制”。1934 年 1 月 15 日，工务段召集董长仲等 8 名工会积极分子，宣布：奉路局命令，调 8 人到西直门、张家口上班。

如不愿调动，就必须承认“包工制”。8 名工人不服，被开除，工人群情激愤。

“铁支”的同志闻讯后立即报告特委，特委派人来，组织召开三十多人参加的会议。经过大家讨论，认为这是段长、工头的阴谋，企图用调走工人的手段，打击工人运动积极分子，分化瓦解工人群众，以达到恢复“包工制”的目的。会议立即决定把段长叫到会场进行面对面的斗争。工人代表把段长叫来，段长申述理由。大家情绪激愤，一致反对调动工人，反对恢复“包工制”。段长被质问得招架不住，便调来警察威胁。工人们更加气愤，有个工人上去打了段长一个耳光，段长灰溜溜地走了。会后，“铁支”组织工会发宣言、贴标语，发呼吁电报，大造舆论，并派人到铁路管理局交涉，提出了“反对剥削工人的工头，反对停止董长仲等 8 名工人的工作，反对无理调动工人，反对开除工人，反对破坏工人团结的工务段段长”等要求和口号，斗争得到南口火车站和正太路工会的声援和支持。

铁路管理局看到事态扩大，便请车房和机厂两处工人出面调停。工、段长借机唆使几个工人同乡极力破坏工人运动，扬言要恢复“包工制”，这更加坚定了工人群众为“保卫胜利果实”而斗争的决心。此时，当局恐怕再次爆发激烈斗争，便指由平绥铁路管理局、国民党和管理局工会理事会三方各派一名代表于 4 月 11 日抵达包头调解。代表们来到包头，包头“铁支”立即组织工人把他们团团围住，提出四条要求：1. 永远不恢复“包工制”；2. 恢复失业工人工作；3. 由工会、管理局双方向工人作解释；4. 由工务段段长给工会挂匾。与此同时，工人们愤怒揭露段长的不法行径，申诉这四条要求的理由。三方代表在工人们的围攻下，害怕事态继续扩大，于 4 月 13 日做出答复，满足工人们的四条要求，斗争再次取得胜利。

罢工虽然取得阶段性成果，但刘仁等特委成员仍在认真总结前段工作经验的基础上，提出了改进意见。4 月 30 日，绥远省特委在《绥远给北方代表最近工作报告》中指出："在以往及最近斗争中，特委仍然未能加进这些斗争，未有深入到群众中去；虽然有了胜利，但仅系铁路上少数同志的活动，支部在斗争中的核心作用甚少，故特委指示，应马上：一、充实支部生活，分配支部同志具体工作；二、设法成立各种群众组织；三、成立工会委员会。"

包头"铁支"在特委的领导下，按照"三点"指示精神，结合斗争工作的实际，充实支部生活，不断加强对工会工作的组织领导，加强对工人的团结和教育，使工人群众进一步认识到团结斗争的重要性。

1934 年 4 月至 9 月，包头"铁支"组织工人先后开展了反对平绥铁路管理局不合理"新章程"的斗争；发动工程飞班工人要求增加加班费的斗争；发动工程、道班、木匠、擦车、煤台等单位工人要求减少工作时间的斗争；反对"拘押和殴打工人"的斗争等等，均取得了胜利。

7 月 2 日，一名工人因公乘车无票被归绥当局扣押，工会派人到归绥交涉无效而返。29 日又发生了驻包宪兵殴打火车司机的事件。党组织派人声援司机，支持司机拒绝开车，组织工人写出"工人有乘车权利"等大标语，并向当局提出四条要求：1. 立即将打人的宪兵一打二革，驱逐出包头；2. 宪兵队长到工会道歉；3. 以后不得再发生打人事件；4. 在未解决问题前，火车不开。局势僵持了五个小时，宪兵队长怕造成重大恶果，只好到工会道歉，并答应了工人提出的要求。这次斗争的胜利，进一步提高了党和工会组织的威信，增强了工人群众斗争的信心和决心。

包头铁路支部在绥远省特委的领导下，在包头制毯厂、电灯公司和洋车行工人中开展工运工作。其中组织洋车行工人与车行资本家的斗争成效明显。包头洋车夫约有 300 人，他们属于社会底层，劳累辛苦挣钱少，深受车行资本家的剥削和压迫。对此，1934 年 6 月，包头“铁支”奉特委指示，派出党员深入车行工人中，以铁路工人在党组织的领导下团结斗争取得胜利为例，给车夫们讲解拧成一股绳，反对压迫剥削同资本家进行斗争，争取工人权益的道理。车行工人们纷纷表示，愿意听从铁路工人大哥的指挥，与资本家进行斗争。

9 月，由包头张厂车行资本家发起，联络 18 家车主，成立洋车行，并订立了“不许洋车行工人欠车主的账；洋车被扣留或损坏，即将工人开除；中秋节放假由 4 天改为两天”等不合理的公约和规定，激起全体洋车行工人的强烈反对。中秋节这天，洋车行工人与铁路支部的党员召开秘密会议，统一思想，决定针对不合理公约，实行全体罢工。工人们成立了罢工组织，并开除了两个违反罢工规定的张厂车行的工人。罢工斗争坚持了 3 天，车行资本家数次派人与工人调解，答应撤销不合理公约，罢工组织才宣布复工。

1934 年底，平津等地的共产党组织遭受破坏，包头“铁支”也遭受了破坏。

但是星星之火，可以燎原。在土地革命阶段，包头铁路支部犹如星星之火，点燃了包头站，点燃了平绥铁路，点燃了内蒙古地区……为燎原中华大地贡献了力量。

第三编

全民族抗战时期
平绥铁路工人的英勇斗争

（1937 年 7 月至 1945 年 8 月）

1937 年 7 月 7 日，日本侵略军发动卢沟桥事变，中国驻军奋起抵抗，抗日战争全面爆发。8 月，日本侵略军向内蒙古西部地区发动大规模的军事进攻，沿平绥铁路西进，先后占领了张家口、大同、集宁、归绥、包头等重镇。内蒙古西部地区除了伊克昭盟大部、河套地区和阿拉善额济纳旗以外，都相继沦陷。

生死存亡关头，在中国共产党的积极倡导和推动下，形成了以国共两党合作为基础的抗日民族统一战线。

中国共产党从日本侵略者入侵内蒙古地区开始，就领导这里的各族人民进行抗争。创建了大青山抗日游击根据地，建立了比较完善的党政军领导机构，发动和组织各族人民进行艰苦卓绝的抗日游击战争，有力地阻止了日本侵略军“南下西进”的企图。

平绥铁路沿线是日本侵略军重点侵占和控制的地区，同时也是铁路工人抗日斗争的重要战场，斗争条件极端困难。在党的统一战线政策指引下，平绥铁路工人英勇不屈，在抗战的各个阶段进行了长期艰苦的斗争。

抗战初期，平绥铁路工人成立了“抗敌后援会”，开展抗日宣传和募捐活动，冒着敌机的轰炸，抢修铁路、桥梁，保证铁路运输的畅通。赶筑防御工事，抢救伤员，修理武器，积极支援抗日部队。

在国民党军队大撤退的过程中，平绥铁路工人为了不使铁路、工厂和物资落入日本人手中，积极组织转移机车车辆和大批物资，对不能运走的线路、桥梁等给予破坏。

日本帝国主义占领平绥铁路后，铁路工人在党的领导下通过各种方式反对日本帝国主义的侵略行径。在地下党组织和工会的领导下，平绥铁路工人开展了“还我中华，还我平绥路”的抗日斗争，为抗日战争取得伟大胜利作出了积极贡献。

日本侵略者在平绥铁路的法西斯殖民统治

抗战全面爆发后，日本帝国主义为了迅速吞并中国，推行“速战速决”侵略计划。

平绥铁路沿线地区沦陷

在华北战场上，日军占领平津后，编组华北方面军，集中30余万兵力向平绥路、平汉路、津浦路三方面进犯。

1937年8月27日，日军占领张家口后，按其既定的侵略计划，于9月15日向平绥铁路西段进攻。9月13日，晋北重镇大同陷落。17日，丰镇陷落。27日，日军占领集宁。10月10日，日军察哈尔派遣兵团一个旅团，在德王、李守信伪蒙军的配合下，

⑪ 侵华日军占领铁路及车站

⑪ 平绥路上挤满了战区民众

开始分三路向绥包进犯。

14 日，日、伪军以重炮猛攻，守军纷纷西撤，归绥失陷。16 日，日、伪军继续西犯，占领萨拉齐县城；17 日攻陷平绥铁路的终点包头。10 月 26 日，侵占平绥铁路全线。11 月，日军又侵占了准格尔旗黄河以北地区和达拉特旗部分地区。至此，内蒙古西部地区的重要城镇和乌兰察布盟、锡林郭勒盟全部以及主要交通线平绥铁路相继沦陷。

平绥铁路工人遭受奴役压迫的悲惨生活

平绥铁路沿线盛产粮食、肉类、皮毛、药材，大同、包头有丰富的矿产、众多的城镇、广阔的乡村、辽阔的草原，日本侵略者为了把平绥铁路牢牢地掌握在他们手中，让工人为其老老实实地服务，用极其毒辣的手段对铁路工人进行压榨和奴役。

⑪ 日军的装甲火车在平绥铁路一带巡逻

日本侵略军占领平绥路以后，急于通车，强迫铁路工人上班干活，稍有怠慢，即遭殴打，若有反抗，即遭捕杀，工人们苦不堪言。日本人为了加强对平绥铁路的掌控，平绥铁路各个部门的大小头目，都换由日本人担任。上从局长，下至车间、工班的工头都是日本人。即或副职，也大都是被奴化的汉奸。铁路工人每日战战兢兢、低头干活，没有一点自由。因病或有事缺勤者，从家中抓来也遭查问。如果出了事故，便要送到宪兵队，去交“始末书”，去者九死一生。铁路工人们在日寇的铁蹄下，过着牛马不如的生活，尝尽了亡国奴的滋味。

平绥铁路本来是西北人民的交通工具，一旦沦入敌手，中国人民旅行、乘车、运货都成了灾难。旅行乘车，挨打受气。车站秩序混乱，买客票、寄行李，都要受到严格的检查，甚而遭遇敲诈勒索。对旅客的携带品不但横加限制，还经常无理没收。更为屈辱者，旅客随时遭受搜身甚至脱衣、罚跪。

占领平绥铁路后，日本侵略军为了更好地控制人民、掠夺资源，安装和设置了许多运输、通信等设备。从 1938 年起全线各站的信号设备，改为选路式臂板信号机，增设日本铁柱式远方（预告）、场内（进站）及出发信号机并采用联锁箱联锁，区间闭塞改为电气路牌，并新建北平至包头架空通信线路和三路载波端机和自动总机，以及行车集中指挥调度等。为了进一步驯服和奴役铁路职工，日本人一方面实施其奴化政策，

⑾ 中国劳工在日军的刺刀下修路

一方面利用和支持汉奸组织起一些反动的群众组织，引诱、拉拢威胁铁路职工参加。平绥铁路上张家口有“民生会”，大同有“协进会”，归绥有“厚和兴亚协进会”等，鼓吹“日中亲善”“大东亚共荣圈”。有时施以小恩小惠、收买人心，或以谣言惑众，哄骗人们上其圈套。然而大多数铁路工人看清了敌人阴谋诡计，不为这“精神鸦片”所毒害。此外日本鬼子还提倡和强迫平绥铁路沿线老百姓种植鸦片，绥蒙一带共种植了80万亩。日军不但从中获利，还引诱中国人吸毒，平绥铁路职工受害最深。工人的生活更是苦不堪言，每个中国工人每月配给二斤白面，里边还掺糠面。后来白面不给了，只配给混合面、苞米面，里面掺砂子没法吃，只好喝糊糊。日本职工每年好几套毕叽、呢子制服，中国工人只有在限制内工种三年一套的布工作服。至于劳保待遇，住房、宿舍更是无人过问。

中国工人忍气吞声，心中埋下仇恨的种子。

由于铁路工人配合抗日游击队使日寇大吃了苦头，侵略者以极其凶狠残酷的手段，对铁路工人狠下毒手。1939 年，日军在平绥铁路大肆搜捕“嫌疑分子”，抓去了很多工人。工人陈文矿、高文藻、卢永春、吴文蕴，在日寇的监狱中受尽了折磨，技师卢永春在狱中坚贞不屈，被日寇杀害。1940 年 7 月，归绥地下爱国组织“绥蒙各界抗日救国会”遭到敌人破坏。铁路工人任全、于清泉、范玉栋等同志被捕。敌人对他们施行了残酷的暴行，他们毫不低头，范玉栋牺牲在狱中。

1945 年，日寇面对必然到来的灭亡，更加疯狂地残害铁路工人。铁路工人在中国共产党“战胜日本侵略者”的号召鼓舞下，公开和日寇斗争。8 月初，他们配合大青山抗日游击队在旗下营一带再次袭击了日寇的军车，把欲往东撤的日军打了回去。丧心病狂的日本侵略者也采取了疯狂的报复，他们在归绥把数十名铁路警务段的警察和工人集中在站北的一座院子内，用战刀活活砍死。日寇的法西斯暴行，平绥铁路工人和中国人民永记不忘。

平绥铁路沿线出现的伪政权

日军侵占内蒙古西部主要城镇和交通线以后，由于兵力不足、战线延长和中国人民的坚决抵抗，无力继续西进。日本侵略军企图据守平绥铁路线，在绥包等地派驻重兵，伺机西进南下，威胁我国大西北和陕甘宁边区，并力图使内蒙古占领区成为其巩固的后方基地，进一步从政治、经济、军事、文化等方面实行殖民统治。与此同时，着手大力进行扶植伪蒙政权的工作。

日本侵略者首先在冀、察、晋、绥一带建立了伪政权组织。从南口到大同以东，成立了“察南自治政府”，大同至朔县以北，为“晋北自治政府”，大同以西成立了“蒙古联盟自治政府”。至1939年9月，把以上地区合并为“蒙疆联合自治政府”，并把归绥市改为“厚和市”。

为了控制铁路这个交通命脉，日本侵略者打乱中国铁路的原有组织架构，一律为“南满洲铁道株式会社北支事务所”管辖，并从日本国内和中国东北地区派来许多人，作为“派遣人员”，负责接管华北铁路。到了1939年4月17日成立了“华北交通株式会社”，管辖华北各条铁路，下设北京、天津、张家口、太原、开封五个铁路局。以后又设济南、徐州、石家庄共八个铁路局。平绥铁路由清华园起西至包头、南至北同线朔县，由“张家口铁路局”管理。

⑪ 日军侵占归绥时的“厚和市警察局”旧址

⑪ 日军侵占时期的包头前街

铁路各部门所设的机构、层次和职务分工大体上与原来相似，只取消了车务处，改设运输处和监理所。基层增设了列车段和检车段。为了加强其法西斯统治，“张家口铁路局”加强了警务处，各站加强了警务段，并增设了“特务班”，对中国员工进行监视并任意毒刑拷打或屠杀。为了统治铁路沿线人民，成立了“爱路部”，下设各地“爱路段”，对沿线人民宣传、威胁、利诱、恐吓，以保铁路畅通。

为了推行奴化教育和培养为他们效劳的汉奸人员，在张家口、大同设立了两座铁路学院，北京还设立了“中央铁路学院”，内设日语、运输、机务、调度、检车、电信各科。沿线各地区的扶轮学校增加了日语课。其他如生计所、医院、会馆、食堂、宿舍等附设服务性机构都是为其侵华政策服务，以达到奴役中国人民，巩固各级敌伪政权的目的。

日寇对平绥铁路沿线的经济掠夺

伴随着日本帝国主义军事进攻的，还有日本侵略者对平绥铁路沿线的经济掠夺。首先，垄断工商业，控制交通运输。由日本关东军“铁道部”直接管理并指挥铁路的运输任务。其次，在沿线各地没收了许多中国人的工商企业，开设了各种公司和工厂、企业。1938 年到 1941 年间，日本开设的公司企业达 73 家，控制着平绥沿线地区的经济命脉，大肆掠夺平绥沿线的畜产品、农产品等。仅 1939 年，这些公司出口欧美的驼毛、羊毛、皮革等输出总额达 1 亿 839 万元之巨。此外还派出各种名目的调查队，到平绥沿线各地进行掠夺开采，掠夺煤、铁、石油，盐、碱以及金、银、铅等各种资源。

铁矿是日寇进行大规模侵略战争的军工原料，是掠夺的重点。平绥路上宣化烟筒山铁矿，矿质优良。日本侵略者控制平绥铁路后，立即在 1937 年 9 月，修复宣化至水磨线路（原宣化支线）。宣化支线自水磨又展修至烟筒山矿区，称宣烟支线，全长 12.58 公里。1937 年 8 月 1 日开工，11 月 10 日竣工。至 1939 年 6 月，日营“华北开发株式会社”接管了庞家堡铁矿，以图更大量地掠取资源，与伪蒙疆政府合资 2000 万元，开工修筑宣化至庞家堡支线。历经三年，至 1942 年修至白庙车站。距宣化站中心计长 37.366 公里。因为白庙至庞家堡间地势险峻，山涧、沟壑遍布，筑路难度极大。日寇为加紧开采铁矿，只得暂用架空索道运送矿石。1943 年 8 月白庙至庞家堡段开工，以“之”形折返线进筑至庞家堡区，并把宣化城西的一段路改线至城东，还缩短了 3 公里多。1944 年 12 月全线通车，全长 43.973 公里。日寇侵占八年，仅从庞家堡铁矿运回日本的铁矿石就有 300 万吨。

⑪ 包石铁路上的日军（左）和运煤火车（右）

石油也是日寇掠夺的重要战略物资。绥远陷落后，日本人在平绥铁路沿线测探得知包头石拐沟之湘贡岩，石油年可产 13800 吨，数量可观，便在石拐设立“分遣队”，成立“大青山煤炭株式会社”，修筑铁路，大肆开采，并在大同口泉设立煤炭液化厂，提炼汽油。

盐是又一重要资源。1938 年，内蒙的乌兰察布盟与伊克昭盟所产池盐，近四分之一通过平绥铁路外运至伪满洲国。

平绥铁路沿线地区又是煤炭富集地区。萨拉齐、杨圪楞、包头石拐沟一带的煤炭，蕴藏丰富，早为日寇垂涎。为开采和运输这一带的煤矿，侵略者计划修一条由包头至召沟的大青山支线，全长 43.19 公里。1939 年 7 月，抓来的 500 名中国劳工，在日军监督下开始修筑，1940 年 8 月线路开通。每天由包头开出 8 节 30 吨车皮拉煤，年运送量 25 万吨。这段线路全长 27 公里，于 1945 年日本投降前夕被拆除。无独有偶，七七事变后平绥铁路被“满铁”接管，大同口泉煤矿也由“满铁”接收，改为“大同炭矿总办事处”，后改为“大同炭矿有限公司”。为了将所掠夺的煤炭运回日本，大同至塘沽的同塘铁路于 1940 年 9 月动工修建。这条铁路从大同沿平绥铁路东行至沙城，沿永定河至三家店经丰台到达塘沽港。煤炭从这里改装轮船，抵达日本港口后，卸在海中储藏。每年可运煤 100 万吨。这条路线，詹天佑工程师修建京张铁路时曾经勘测。日本人开始施工后，到 1941 年 12 月太平洋战争爆发，筑路工程停止，遗留下部分隧道及路基土石方工程。新中国成立后，由铁道部第三、四工程局，先后修成 105 公里的丰沙线。

平绥铁路沿线还有铜和其他稀有金属以及丰富的农业特产等，日寇都有周密的掠夺计划，在中国人民的奋力抵抗下有些未来得及动手，就败溃而逃了。

平绥铁路与大青山
抗日游击根据地的抗日斗争

抗战爆发后，中国共产党适时开始了创建抗日根据地的斗争，并相继建立了晋察冀、晋冀豫、晋鲁豫等抗日根据地。为了广泛发动群众，巩固与扩大敌后根据地，坚持长期抗战，党中央决定由第一二〇师派部队开辟绥远大青山抗日游击根据地。

平绥铁路是穿行于大青山南麓的一条交通大动脉。在大青山宏阔的抗日游击斗争中，平绥铁路沿线是敌我双方争夺、控制的焦点和重要的前沿阵地。

穿越平绥路，挺进大青山

大青山位于阴山山脉中段，东起绥东之灰腾梁，西至包头以西之乌拉山，东西绵延近400公里，南北宽50余公里，杂居着蒙古、汉、回、满等各民族。这个地区，南接晋陕，东连热察，西背甘宁，是通往我国大西北的咽喉，是陕甘宁边区的北方门户，是晋西北抗日根据地的外翼，关系到晋西北抗日根据地的安全和整个晋绥抗日战场的开辟。尤其重要的是，这里是蒙古族聚居的地区，对宣传中国共产党的民族政策，促成各民族团结一致共同抗日更具特殊意义。这里还是通往苏联国际交通线的一条要道，对扩大抗日阵营、壮大国际反法西斯力量具有十分重要的作用。

作为兵家必争之地，中共中央、中央军委一直非常重视大青山的抗日斗争，1938 年春，建立大青山抗日游击根据地问题明确提上议程。

5 月 14 日，毛泽东电示朱德、彭德怀、贺龙、肖克、关向应，明确指示：“在平绥路以北沿大青山脉建立游击根据地甚关重要，请你们迅即考虑此事。”6 月 24 日，对大青山根据地的性质及其相应的一切政策和策略方针，做了明确的指示：大青山要坚持以长期抗日游击战争为中心任务。

遵照中共中央、中央军委和毛泽东关于建立大青山抗日游击根据地

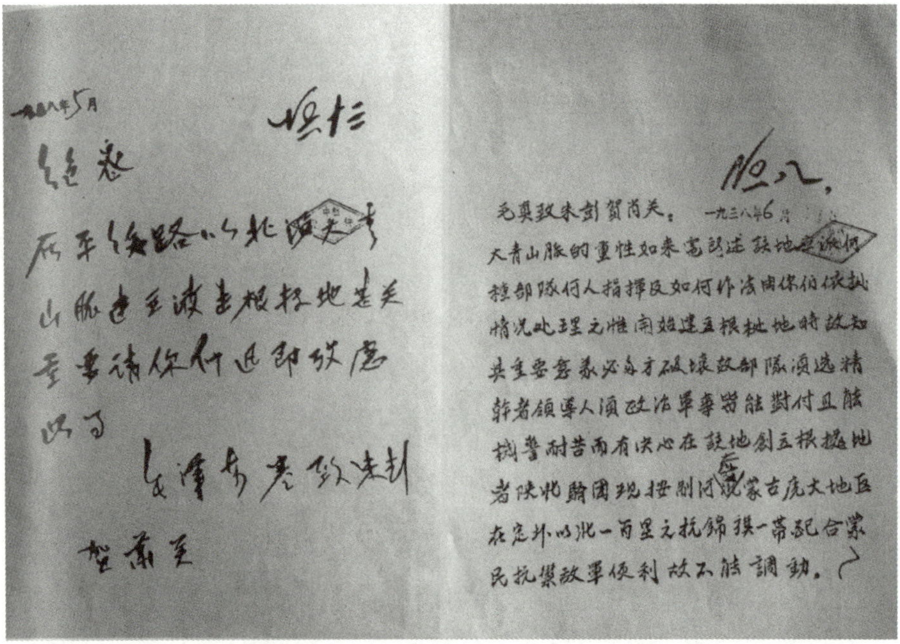

⑪ 1938 年 5 月（左）、6 月（右），毛主席电示创建大青山抗日游击根据地

的战略决策，八路军第一二〇师立即着手贯彻实施。1938 年 6 月下旬，第一二〇师决定以第三五八旅第七一五团、师直骑兵营 1 个连，组成大青山支队（对外称李支队），共 2300 余人，挺进绥远敌占区，开辟大青山抗日游击根据地。大青山支队由第三五八旅政治委员李井泉任司令员兼政委，第三五八旅参谋长姚喆任参谋长，彭德大任政治部主任。这支部队，是经过长征锻炼的具有丰富战斗经验的部队，又是装备较好、战斗力较强的部队。

1938 年 7 月 15 日，八路军总司令朱德发出进军大青山的命令。经过动员和准备，于 7 月 29 日，大青山支队在李井泉、姚喆的指挥下，由王尚荣团长亲率第三营为先导，从杀虎口越过长城，进入绥远敌占区的凉城县境后，沿长城向东北进军到厂汉营，紧接着“战动总会”晋察绥边区工作队及抗日游击第四支队，亦于 8 月 2 日出师北上，向大青山地区进军。

当大青山支队越过长城的时候，被日军很快发觉，并引起敌人惊恐。为阻止大青山支队北进，并妄图予以消灭，日军便从大同、左云、右玉、丰镇、凉城等地调集 5000 余兵力，分 7 路进行堵截和围攻。面对这种紧急情况，李井泉、姚喆根据上级确定的不拼消耗、不暴露八路军行动意图，以保存实力的战略方针，当机决定除留少数部队牵制和迷惑敌人外，全部分路突围，以急行军迅速向偏关方向转移。到 8 月 10 日左右，大青山支队和“战动总会”晋察绥边区工作队、第四支队全部撤到偏关东北的贾堡、老营、水泉堡一带集结休整。这是向大青山进军的第一次北上受阻。大青山支队在贾堡一带进行短暂休整，同时也在积极做第二次北上准备。8 月下旬，当堵截、围攻八路军的日、伪军全部撤回原据点的时候，八路军从贾堡出发开始第二次北上。这次北上，部队以急行军仍从杀虎口越过长城，进入绥远敌占区之凉城县境厂汉营一带集结。为了与敌人争夺时间，先头部队第三营直袭岱海滩以东天成村敌据点，歼灭伪军 100 余人，烧毁敌汽车 10 余辆，缴获一批枪支弹药，为大部队插入蛮汉山创造了条件。然后，第三营经过岱海滩以北的板城村、沙乎子，到达预定地点——绥南蛮汉山主峰脚下的太平寨。当日黄昏，主力部队从厂汉营出发，经岱海滩以南的香火地，穿过归凉公路，也顺利地到达太平寨。蛮汉山地区战略地位十分重要，它是晋西北抗日根据地通往大青山的交通要道，是八路军挺进大青山的第一个立脚点。这次北上顺利抵达于此，成功进入蛮汉山是进军大青山的第一个胜利。

在太平寨，部队又进行短暂的休整，姚喆带领一营留在蛮汗山，一方面宣传抗日，组织群众，开展蛮汉山地区的抗日游击战争，同时要牵制敌人，掩护大部队通过平绥铁路进入大青山腹地；另一方面还要接应从西北送往大青山的防寒衣物。李井泉司令员带主力部队北上大青山，很快集结于平绥铁路以南旗下营和三道营之间的山区。

平绥铁路是横穿大青山南麓的一条交通大动脉，也是日本侵略者在绥远敌占区进退和掠夺供应物资的生命线，所以在沿线各站都布防严密，既有日军督察，又有伪军把守。平绥铁路是挺进大青山的最后一关。经过对敌情、地形和路线的周密侦察，决定在 8 月 31 日夜间从旗下营站和三道营站之间穿越平绥铁路。因为这一段铁路是大青山和蛮汉山之间的山沟通道，一旦被敌人发现，可立即向北或向南转移到山区，而山区又无敌人防守。行动之前再次做了动员和部署，要求行动敏捷，人和驮骡马匹均不得发出声响。部队在铁路两侧均设有警戒哨，还派有干部专门指挥督促。这天夜里下着蒙蒙细雨，战士们静悄悄地快速行进，奇怪的是骡马也没叫一声，敌人在雨夜也没有出动。天亮以前，主力部队的全部人马安全顺利地通过了平绥铁路，于 9 月 1 日到达预定地点大滩和甘

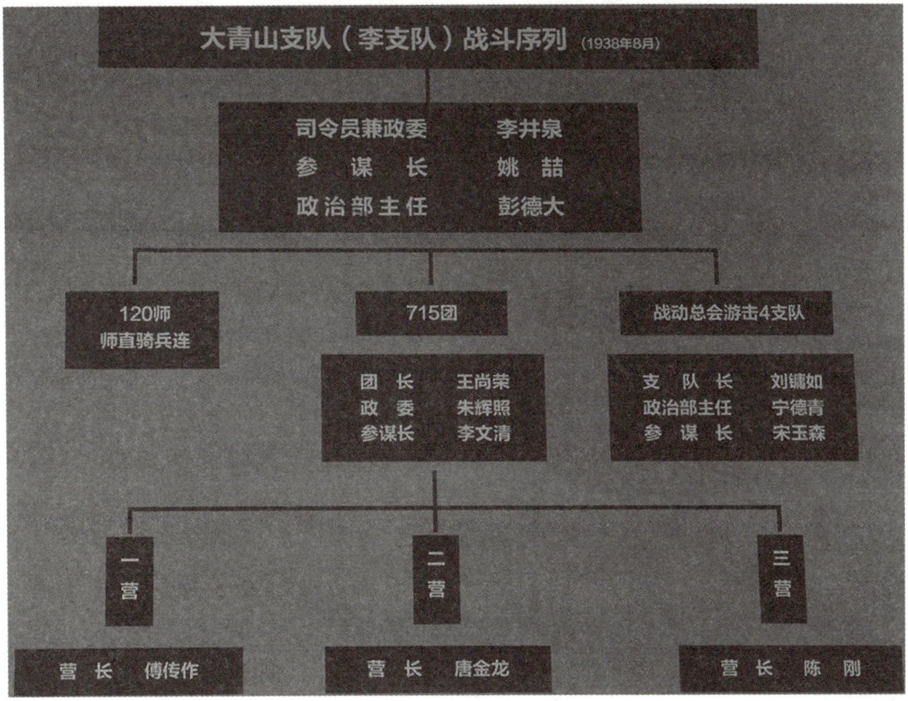

沟子。英雄的八路军披星戴月，晓宿夜行，跋山涉水，行程千余里，历时月余，终于把抗日的红旗插到了大青山上。

在主力部队北进的同时，姚喆率领大青山支队第一和第四支队第三连，在蛮汉山北部和东部分散开展群众工作。这时，日、伪军突然从归绥、卓资山、凉城等地调集3000余兵力，向蛮汉山扑来。姚喆参谋长指挥第一营与敌接火，令第三连担任侧后方向警戒，经过激战，毙伤了大量敌人。为避免与敌拼消耗，姚喆命令第一营派一个排掩护伤员转移后即留蛮汗山打游击，侦察敌情，了解地形。主力经和林由杀虎口以西山地，一夜撤到右玉西山槽碾沟一带，又行军两天则进到平鲁南山和偏关贾堡、老营一带休整，准备接运装备和衣物。大青山支队政治部主任彭德大领队，赶着一百多头毛驴，驮着1400多件皮大衣来到平鲁。为了雪中送炭，尽快把皮衣送上大青山，一营又担起了运输队的重任，全营战士背着沉重的皮衣向大青山进发。姚喆、彭德大与警六团团长孙超群、政委张达志商定，在一营北上时，警六团以袭击平绥铁路和集宁之间的红沙坝火车站吸引敌人注意力，掩护一营进军。这时已临近中秋节，秋分已过，寒露将至，塞外山区已经寒风刺骨。一营指战员背负着大青山支队的冬装，迎着塞外深秋的寒风，又从杀虎口跨越长城，到达厂汉营附近。而警六团则火速行军百余里，到达平绥铁路红沙坝火车站，进行了一场漂亮的夜袭车站的战斗，攻克了敌据点，歼敌百余人，缴获了一部分枪支和物资，一度切断平绥铁路交通，使敌人大为震动，慌忙调集日、伪军两千人增援，警六团与敌周旋数十天后撤回雁北，胜利完成了掩护一营北上的任务。

在警六团夜袭红沙坝车站的同时，一营火速行军进入蛮汉山太平寨，十月初的一天夜里，一营顺利地越过平绥铁路，抵达速勒图一带，与七一五团参谋长李文清率领的侦察班会合。至此，八路军大青山支队圆

⑪ 1938 年 9 月，大青山蒙汉抗日游击队与八路军李井泉支队在大青山面铺窑子村会师

满地完成了挺进大青山的任务。不久，八路军在绥中面铺窑子与杨植霖等领导的蒙汉抗日游击队胜利会合。

开辟大青山抗日根据地，平绥路上打游击

八路军挺进到大青山后的首要任务，是立即展开游击战争，逐步开辟这块抗日游击根据地，发动各族人民进行抗日斗争。平绥铁路站线区间是八路军开展游击战的重要阵地。

大青山地区敌情严重，斗争极其艰巨复杂。日本侵略军占领绥蒙后，已经建立系统的伪政权，实行法西斯的殖民统治。日军在这里驻有黑石旅团和 1 个骑兵联队，以及伪蒙军 4 个骑兵师，总兵力约 2.5 万余人，至于伪“自卫团”“保甲团”和伪警察则不计其数。日、伪军重点据守归绥、包头、集宁等城市和铁路线，并遍布大青山地区周围各旗县镇。1938 年 7 月，中央军委在部署开辟大青山抗日游击根据地的时候指示：“八月挺进大青山，进入大青山后，应先以主力进入归绥、武川、陶林、集宁之间地区，另以一个营活动于平绥铁路南，以保证大青山与雁北的联络。”大青山支队按照中央军委的部署，迅速开展游击战争，打击敌伪势力，打击敌人的凶恶气焰，鼓舞各族人民抗日的意志。大青山支队三团王尚荣团长和陈刚营长率领三营主力，雨夜奇袭陶思浩，打了一场漂亮的袭击战。

陶思浩站是平绥铁路绥包段上的一个火车站，是个有二百多户人家的小集镇，镇内驻有日军一个小队，伪军一个连，共约一百五十余人，分驻在两个大院内，夜间由伪镇长派人打更，只在火车站设有伪军岗哨，戒备不严。八路军从后脑包、官地出发，经过白石头沟、巴总窑子到达

九峰山下宿营。在一个狂风暴雨的夜晚，八路军急行军从美岱沟下山，直奔陶思浩站。十二连首先机警地摸掉了火车站上的哨兵，切断通信线路，占领了火车站，并警戒援敌。九、十两个连分头突入日、伪军住的院子，机枪、手榴弹一阵猛扫猛轰，一百多名日、伪军被歼灭在睡梦之中，大部分武器被击毁，缴获机枪一挺，长短枪数十支，子弹数万发，还有一批日、伪军军服以及大烟土和粮食等物资，活捉了伪镇长。紧张而富有成果的战斗之后，八路军利用募集的战马驮上丰富的战利品，在风雨交加之夜速返大青山。夜袭陶思浩一战显示八路军的声威，扩大了八路军抗日的影响，鼓舞了各族各阶层的抗日信心，为迅速开辟大青山抗日游击根据地打开了局面。

1940年初，日寇侵入河套地区以后，八路军攻占毕克齐敌据点和旗下营站，阻敌西援，4月中旬，大青山骑兵支队在包头、归绥、集宁间的铁路线上开展破击战，破坏铁路十余里，炸毁桥梁十余座，拆毁电话线数十里，致使平绥铁路西段有十余日不能通车，有力地配合了在河套对日寇的反攻，粉碎了日寇西进的战略计划。

1941年1月14日，骑兵一团团部及一、二连在邹凤山团长指挥下，经一夜急行军通过平绥铁路，奇袭平地泉敌据点。这里驻有伪警察、“自卫团”共计百余人，并有日本指导官、顾问三人，汽车两辆，还有伪军十余人。经过两个小时的激战，敌人大部被歼，小部分窜逃，缴枪二十五支，子弹七百余发，战马九十匹，马鞍五十余座，军毯二十床，军衣二十套、各种大衣二十一件，电话机三架，击毁敌汽车两辆，大获全胜。

1941年3月，绥中专署游击队奇袭三道营站据点，平绥铁路工人韩福林主动上山向游击队报告敌情，并带领游击队下山，在深夜将游击队

⑪ 大青山支队骑兵连

带进车站日军宿舍，出其不备，突然袭击，缴获了大批武器弹药，从而为壮大绥中抗日力量作出了贡献。

1942 年开始，日寇再次部署对大青山抗日游击根据地的“大扫荡”。7 月下旬日、伪军集结 5000 的兵力对绥中游击区进行“铁壁合围”的“大扫荡”。当时在此地方活动的大青山骑兵支队司令部和绥察行署等领导机关，根据贺龙、关向英的指示，决定选择时机，尽快组织突围，保存有生力量。8 月 2 日夜，大青山骑兵支队司令部及所属部队，从旗下营与三道营之间的一间房子突围，骑兵快马加鞭，风驰电掣般地穿越平绥铁路，突破敌人的重围，进入蛮汉山区。同时，绥中专署机关和所属游击队也从旗下营突围到达蛮汉山区。只有绥察行署的 300 多名干部战士在敌人的重围中周旋，直到 8 月 4 日夜间，才从归绥东北郊的东瓦窑沟口下山，经东罗家营子突围，涉渡大黑河，穿越平绥铁路，安全转移到了蛮汉山，与骑兵支队主力会合。至此，大青山骑兵支队直属机关、绥察行署、骑兵二团、绥中专署及武川、陶林等县的游击队，转战于平绥铁路沿线，在“铁壁合围”的缝隙中钻来钻去，突破敌人重围，安全转移到了绥南游击区，8 月 7 日夜间，在抢盘山与骑兵一团会合，成功粉碎了日寇“铁壁合围”的“大扫荡”计划。

从组建到 1942 年 10 月撤销建制、成立塞北军分区止，在三年多的艰苦岁月里，大青山骑兵支队积极开展抗日游击根据地各项工作，完成了党中央交给的战略任务，积累了开展敌后骑兵游击战争的丰富经验，为坚持和发展大青山抗日游击战争建立了不朽功勋。

1945 年 3 月，绥中、绥西、绥南三块抗日游击根据地完全打通。在抗日军民的强大攻势下，日寇在绥蒙的统治摇摇欲坠，不得不放弃一系

⑪ 缴获日、伪军的武器

列据点，退守主要城镇和平绥铁路，实行所谓重点守备，以苟延残喘。4 月，日军驻蒙军第一百一十八师团从大同、集宁等地调往上海附近；5 月，华北方面军第十二野战补充队也从包头、归绥等地调往徐州。这样，平绥铁路西段大同到包头的广大地区，仅由临时编成且装备很差的第四独立警备队驻守。8 月 14 日，骑兵九团、二十七团分别占领察素齐、毕克齐车站；17 日，绥中游击队占领陶卜齐、旗下营、白塔火车站，归绥城被包围。8 月 22 日，晋察冀部队攻克了平绥铁路战略支点集宁、丰镇两县城及车站，歼灭和俘虏日、伪军 1000 余人。9 月 2 日，日本正式在无条件投降书上签字。内蒙古各族人民经过长期浴血奋战取得了伟大的抗日民族解放战争的胜利。

八路军支队挺进大青山以来，克服了恶劣环境下的各种巨大困难，抗击和牵制了十倍于己的日、伪军，使之不能东调和西进，创造了大青山抗日游击根据地，创造了大青山抗日游击政权，创造了八路军大青山骑兵支队，丰富了抗日游击战争经验，发展了骑兵游击战争，为长期坚持大青山抗日游击战争奠定了良好基础。这是大青山支队和绥蒙地区各族人民对抗日战争做出的不可磨灭的贡献。平绥铁路亲历并见证了这段浴血奋战的光辉历史，平绥铁路工人也有幸成为这段光辉历史的参与者和见证者。

同仇敌忾抗日寇

日本侵略者占领平绥铁路后，铁路工人们并没有屈服，而是奋不顾身地通过各种方式，反对日本帝国主义的侵略行径。在地下党组织和工会的领导下，铁路工人把铁道线变成了抗击日寇的最前线。同时配合大青山的抗日游击队拆毁铁路，袭击侵华日军的军用列车，开展了“还我中华，还我平绥路”的抗日斗争。

恢复党和工会组织

中国共产党十分重视绥远敌占区的地下工作。1939 年初，党组织派工运领袖、曾任京绥铁路总工会主席的杨干和刘林远到平绥铁路组织发动群众。这两位同志来到平绥线后，深入到工人群众中，联系抗日和工运积极分子，

⑪ 抗日军民拆除敌人碉堡

⑪ 八路军割断敌人铁路通信电线

在日寇严密控制和特务、汉奸到处活动的情况下，恢复组建基层工会组织，开辟了绥远敌后抗战又一条重要战线。当时，工人俱乐部因受日寇和特务的破坏均停止活动，工人夜校也被迫停课。但工会组织利用工间休息、吃饭间隙或饭后，宣传抗日救国的道理，揭露日本帝国主义侵略中国的罪行，号召大家团结起来，打倒日本帝国主义。工人们心里积满了怨愤，纷纷表示：我们绝不做亡国奴。于是，利用夜间，他们二三个人一组，到车站，上列车，在大街上或居民区贴标语、散发传单，开展抗日活动。另一方面，杨干和刘林远等同志在铁路上秘密建立共产党的组织与工会、地方革命组织建立联系，共同抗日。

1939 年，为加强党对归绥抗日斗争的领导，绥远省委决定成立归绥工委。在此基础上于 1939 年 3 月成立了“绥蒙各界抗日救国会”，下设铁路、工厂、学校三个支部。为便于开展地下工作，归绥工委和救国会把火车站、扶轮小学（即铁路职工子弟小学）等设成了秘密活动点和交通联络站。铁路工人利用工作之便，搜集日军铁路运送兵员、军火、物资的情报，向地下党组织汇报。共产党员和党的领导干部，经常在铁路工人的掩护下来往于平绥铁路线上。

⑪ 铁路工人运送抗日将士上前线

从隐蔽破坏到公开斗争

日军占领了平绥铁路，铁路工人义愤填膺，以各种方式开展抗日活动。工人们有的破坏铁路设施，有的瞅准机会袭击日军，有的消极怠工，使日军交通运输线受到严重破坏。

1938 年后，日本派遣日本人到平绥线上，控制了关键岗位，迫害铁路工人。铁路工人在线路上、机车和车辆上制造了很多故障，由小破坏到大破坏。从偷取机器零件工具变卖，到故意破坏机器、工具、材料，故意违章作业，制造重大行车事故，搞得敌人晕头转向、束手无策。1939 年春季，归绥至集宁间的八苏木车站，养路工人将一个防爬器反扣在钢轨上。一列日军开往北平方向的列车运行到这里，机车后两辆列车脱轨，致使中断行车 6 个多小时，报废钢轨多根，压坏枕木数百根。

1941年5月26日，八路军切断平绥铁路，随后铁路线上的“厚和站”、萨拉齐站、包头站等主要货运站的脚行（装卸工）积极配合，公开和日寇斗争。1943年下半年，铁路沿线接二连三地发生火灾。阳高、毕克齐、萨拉齐、包头等地的货物连连失火，其中多数是由铁路工人放的火。铁路运输的货物还经常被盗，官村（土贵乌拉）、三道营、陶卜齐等站的货物列车，在站停期间，车上的货物接连几次被群众哄抢，当班的铁路工人为他们监视警察，掩护他们迅速撤离。

到了1944年春季，铁路工人与地方武装力量配合，在关沟段的燕山山脉中，制造了四次列车颠覆事故，在平绥铁路其他区段也相继发生了三列列车正面相撞事故，致使日军二百多人死伤在列车事故中，报废机车、车辆40多辆。

与此同时，铁路职工还采用消极怠工、罢工等方式，与日军进行公开斗争。“怠工”，就是用磨洋工的手段来对付侵略者。上了工，动作慢出勤不出力。铁路工人们组织起来，轮流放哨。鬼子不在，休息聊天；鬼子来了，放哨的发出暗号，工人们假装干起活来。乘务人员经常造成“途停”“坡停”“晚点”等一般性事故，鬼子干着急没办法。

铁路工人们还进行了多次罢工。如大同机务段、南口检车段、“厚和”车房，先后都因为日本工头打骂工人，引起工人们罢工。直到段长出来处分了工头，工人们出了气才上工。丰镇、“厚和”、包头、萨拉齐车站脚行（装卸工）还借故拒绝装卸，导致货物堆积。

铁路上日本职工吃的都是好大米，而华人职工按每月配给制所发的粮食都不能吃。众人非常不满，纷纷拒绝领取，提出：“什么时候发给能吃的粮食，什么时候才领。”他们放下工作，整天围着粮食堆转转看看，变相息工。张家口大厂、“厚和站”、丰镇、集宁等地区和一些单位有的叫骂和殴打发粮的鬼子，有的把粮车推翻、烧毁，停止工作，把鬼子搞得昏头昏脑。工人们罢工等各种抵抗行动，此起彼伏，不断出现。平绥铁路工人的抵抗斗争愈来愈激烈，对牵制敌人的侵略行动，起了重大作用。

配合大青山游击队打击日寇

平绥铁路工人与地方武装力量密切联系，共同抗日，给侵略者以沉重打击。铁路工人或配合游击队在铁路沿线伏击敌人，夺取敌人的物资、军械，破坏日寇的路、矿建设或向游击队传送日寇的军运情报，如兵车、军械弹药车、伤员车、日寇军队将领往来情况，以及日寇的

⑪ 抗日军民合作截断日本侵略军的铁路运输线（图为被炸毁的平绥铁路大同御河大桥）

军事部署与动向。大同、丰镇、平地泉、三道营、归绥、毕克齐、萨拉齐等地的铁路工人纷纷为游击队提供运输情报，采购粮食、药品、物资。

铁路工人多次向游击队传递日军情报，使游击队顺利躲过日军“围剿”。1942年2月，日军调集了2万多人，采取“铁壁合围”的战术，向大青山根据地施行“大扫荡”。归绥、台阁牧、毕克齐车站的工人，随时注意搜集日寇的军事情报，通过罗家营、兵州亥农村交通站的农民，将情报送往根据地。当时，游击队有一百多人在旗下营一带活动。日寇了解到这一情况后调集了日、伪军数百人从归绥出发，妄图消灭这支游击队。归绥车站的铁路工人获得这个消息，随即通过电话，巧妙地传递给旗下营车站铁路工人中的地下工作人员。他们迅速地把消息传给了游击队。游击队得到消息，立即转移。日军大队人马赶到旗下营时，游击队已无影无踪，气得日本鬼子大发雷霆。1943年的一天，绥西陶思浩、美岱召一带日寇集结兵力，准备袭击游击队驻地，怕走漏风声，包围了附近的村庄。车站工人得知这一情况后，立即找了一个老乡带路，摸黑爬山越岭，向游击队报告了敌情，游击队安全转移，日军又一次扑了个空。

除了传递情报，铁路工人还积极配合大青山游击队打击日寇。1944年4月的一天，游击队得知有一列军用列车由北平开来，他们选定三道营为袭击列车的地点。铁路工人提供了军列到站时间，游击队员埋伏在车站上和铁路两侧。军车一到，队员们勇猛出击，不到20分钟，将押车的十多名鬼子全部消灭，获得了大量军用物资。铁路工人则为游击队寻找车辆，组织人力把物资运往根据地。同年秋天，在铁路工人的配合下，大青山游击队和其他革命武装力量，利用“青纱帐”，以车站为据点，根据工人们提供的详细情报多次袭击了日寇的军用列车，打死日伪警察，劫走物资。

随着战局的发展，铁路运输对敌我双方都显得十分重要。1944 年上半年，日寇为了抢夺张家口至归绥的铁路交通，组织了一支特别工作队，并制定了险恶的“护路”计划，给铁路工人开展工作带来很大麻烦，也给铁路工人造成很多伤亡。7 月的一天，这支特别工作队在陶卜齐铁路线附近（韩家窑子村）活动时被铁路地下交通员发现，情报被传递给塞北军分区骑兵三团，三团团长黄厚当即命令一、三两个连分别埋伏在村南、村北。当敌人走近时三连占据有利地形首先开火，敌人慌乱南撤又遭到一连交叉火力的迎头痛击，队长当场毙命。经过三十多分钟的激烈战斗，击毙日伪特务十四人，击伤、俘虏特务警察十三人，缴获一批枪支弹药及其他军用装备。这是八路军在绥中一次有计划地集中优势兵力、全歼敌人的出色战斗，重创了日寇的护路计划，密切配合绥中铁路沿线工作的有力开展。

抗战以来，铁路工人历经各种战斗数十次，破坏铁路 400 多公里，桥梁 20 多座，机车、车辆百余台辆。削弱其运输能力，打乱运输秩序，搞得敌人顾此失彼，疲于奔命，有力地牵制了敌人，分散了敌人的兵力，破坏了日寇的作战部署，给华北主力部队出击反攻创造了条件。

1945 年 8 月 15 日，日本宣布无条件投降。平绥铁路上抗日军民与八路军一起出击，在东段迅速解放了康庄至天镇许多地区。在西段接连攻克了察素齐、毕克齐、白塔、陶卜齐、旗下营、卓资山等地区，并向归绥和包头进军。8 月 18 日，攻进归绥旧城大什街，同日攻占了包头车站。

平绥铁路又回到中国人民手中，铁路工人在接下来的追歼逃敌和保

⑪ 1945 年 8 月，内蒙古各族人民欢庆抗战胜利

护铁路、厂矿设备工作中，又起了重大作用。

平绥铁路工人不畏强暴、英勇不屈的抗日斗争故事为我们留下了宝贵的精神财富，是我们大力弘扬爱国主义精神、传承红色基因的鲜活教材。

第四编

解放战争时期 平绥铁路工人的积极贡献

（1945 年 9 月至 1949 年 9 月）

抗战胜利后，国共双方签署了《政府与中共代表会谈纪要》，即“双十协定”，同意召开有各党派代表和社会贤达出席、讨论和平建国方案的政治协商会议。但是“双十协定”仅仅签署八个半月，国民党就发动了全面内战。平绥铁路系重要战场之一，平绥线上的铁路工人在这场殊死较量中，始终听党话、跟党走，为建立新中国贡献了铁路力量。

抗战胜利不久，国民党妄图控制平绥铁路，解放军为了保卫人民抗战的胜利果实，进行自卫反击，发动了“平绥战役”。此役中，萨拉齐铁路工人把车站电话全部利用起来，联系军粮及物资；巧用平板车，及时将军粮送到磴口站和公积坂站；在没有机车的情况下，用十几个空车，24 人一组轮流推车，徒步两天两夜，行走 300 里，将 200 多名伤病员转移到目的地。战役结束，解放军撤退，萨拉齐、毕克齐、陶卜齐站的工人千方百计组织好运输。集宁火车司机冒着严寒修复机车，工务工人修整线路，及时将撤退的战士运到集宁，圆满完成了任务。

抗战胜利之时，平绥铁路已是国共两党分割态势：共产党解放区占 550 公里，国民党统治区占 268 公里。解放区在党的领导下，先后成立了军管平绥铁路（西段）管理处、平绥铁路管理局、平绥铁路总工会，积极开展工作，解放区面貌一新。与此相反的国统区，平绥战役结束后，国民党控制了归绥至包头段，成立了“黄色工会”，胡作非为。国统区的铁路工人在苦难中挣扎。

1946年6月，全面内战爆发后，归绥的党政工机关相继战略性转移。平绥铁路西段100多名铁路工人组成职工大队，听从党的召唤，随军转移。国民党占驻平绥铁路，成立了“张家口铁路办事处”，“黄色工会”卷土重来，实施暴行。

1948年9月之后，平绥铁路管理局和军管平绥铁路（西段）管理处先后回到平绥铁路恢复工作。1949年2月至6月，平绥铁路西段职工代表大会、东北铁路劳模及职工代表大会、全国铁路职工代表大会先后召开，与会代表受到了毛主席等中央领导的接见。平绥铁路均有工人代表参加。

为了促成绥远和平解放，华北人民政府派出联络处进驻归绥。联络处下设的铁路工作组秘书王士鑫于7月24日壮烈牺牲。经多方努力，9月19日绥远和平起义，平绥铁路和绥远一起回到人民怀抱；10月17日，京包铁路（10月1日平绥铁路更名为京包铁路）全线修复通车。从此，饱经沧桑的京包铁路步入了建设发展新时期。

平绥铁路沿线团结奋战
解放区面貌一新

1945 年 8 月 15 日，中国人民历经十四年英勇艰苦的奋战，取得了抗日战争的伟大胜利。人民欢欣鼓舞，期待结束战乱，实现长久和平。

为充分表明中国共产党谋求和平的真诚愿望和态度，1945 年 8 月 28 日，毛泽东不顾个人安危，以“弥天大勇”的气魄，应蒋介石连续三次“共定大计”的电报邀请，率领周恩来、王若飞等一行从延安飞抵重庆进行和平谈判。历经 40 多天的谈判，国共双方于 10 月 10 日正式签署《政府与中共代表会谈纪要》，即“双十协定”。国民党当局口头上表示承认“和平建国的基本方针”。国共双方同意：召开有各党派代表和社会贤达出席、讨论和平建国方案的政治协商会议。但是“双十协定”仅仅过去了八个半月，国民党反动派就发动了全面内战。

平绥铁路作为东北、华东、华南、华中通向华北、西北的交通大动脉，在解放战争中有着极为重要战略地位，因此成为重要战场之一。而平绥铁路西段的铁路工人在这场激烈的搏斗与较量中，无论是在“绥远战役”“集宁战役”，还是在收复失地、恢复生产、抢修机车车辆，解放大同、丰镇、集宁、归绥、包头等平绥铁路线上的重镇中，始终听党话、跟党走，以主人翁的姿态排除千难万险，不惜流血牺牲。

积极投入平绥战役

1945 年 9 月 11 日，中央军委电示晋察冀军区司令员聂荣臻、晋绥军区司令员贺龙，率领晋察冀军区、晋绥军区部队联合发起平绥战役（亦称绥远战役、察绥战役）。

在此役中，获得解放的平绥铁路工人和其他工人、民兵及各界群众冒着生命危险，顶着枪林弹雨，积极支前参战，运送弹药，救护伤员，送水送饭，使人民解放军越战越勇，越打士气越高。特别是平绥铁路各族职工怀着对国民党反动军队的无比愤恨，发扬解放区主人翁的精神，积极投入战斗。紧密配合人民解放军作战，加紧抢修铁路，力争早日开通，运送兵员及军用物资，支援前线。丰镇铁路工人积极帮助部队查找日军

⑪ 晋察冀军区一部准备开赴绥远前线

⑪ 解放军攻占磴口站，乘胜向包头城进军

撤退时掩埋的各种物资、各种军用品，以解决解放军战时急需。平绥铁路周边区域的面粉厂工人日夜加班给战士磨面；电务工人日夜架设电线，维护线路，确保通信畅通无阻。工人们还捐献了大量食品、日用品，写了慰问信，慰劳解放军，从而大大鼓舞了广大指战员的斗志。

包头是平绥铁路终点，也是通往河套地区的必经之地，占领包头可为解放归绥和河套地区创造有利条件。1945 年 11 月 12 日深夜，各部队集中力量对包头城发起猛攻，战斗异常激烈。

此时，萨拉齐铁路工人为配合围攻归绥、包头的战斗，把车站的铁路电话全部利用起来，帮助八路军联系各项工作，催粮食、催各种物资，解决临时吃饭等问题，萨拉齐车站变成了一个联络中心。当包头八路军需要粮食的时候，萨拉齐车站铁路工人克服没有机车、没有车辆的困难，利用车站内使用的平板车，用两根废旧电线杆把两个平板车连在一起，上面铺上门板加大装载面积，将一车装有二万余斤的粮食及时送到了磴口站和公积坂站。后来这一运输方法被沿途各车站仿效采

⑪ 解放军占领福生庄

用。当察素齐、毕克齐二镇接到做一万双军鞋的任务以后，当地群众为解放归绥、包头着想，急人民子弟兵之所急，迅速动员起来。铁路部门抓紧运送布匹和辅料及时分到各户，连夜加班，按照计划三天完成了任务。

包头前线有 200 多名伤病员，需要由萨拉齐送到毕克齐，再由毕克齐转至陶卜齐车站，而后从陶卜齐乘火车转送到后方医院。为完成这一艰巨任务，各地铁路工人密切配合，克服困难，吃苦耐劳，想尽办法，特别是萨拉齐铁路工人在没有机车的情况下，群策群力，用手推车，运送伤员。他们找来十几个空车，24 个人一组，轮流推车，徒步两天两夜，行走 300 里路，将伤员运送到目的地，充分体现了平绥铁路工人的革命热情和不畏困难支援前线的决心和气概。

平绥战役结束，在解放军撤退中，萨拉齐、毕克齐、陶卜齐车站的

⑪ 解放军攻克麦达召（美岱召）车站

铁路工人千方百计组织好运输。集宁地区的火车司机冒着冰冻严寒修复了冻坏的机车设备，工务工人克服种种困难修整线路设施，及时在陶卜齐站将撤退转移的部队战士运送到集宁，圆满地完成了绥远战役中上级交给的各项工作任务。

平绥战役历时近两个月，歼敌 1.2 万余人，收复了丰镇、集宁、卓资山、陶林、和林、凉城、清水河、托克托、萨拉齐、武川、百灵庙、四子王旗、兴和等城镇和县城，解放了绥东、绥南 60 万人口的广大地区，使晋绥解放区的广大军民进一步增强了战胜敌人的勇气和信心。同时，保障了张家口西侧的安全，为在内蒙古中部地区建立解放区、配合进军东北夺取战略先机创造了有利条件。

积极恢复运输生产　保卫胜利果实

平绥铁路沿线广大地区于抗日战争时期，已由中国共产党领导当地人民建立了许多革命根据地，与国统区形成鲜明的对峙。

日本投降后，人民武装晋察冀部队、晋绥部队、绥蒙骑兵部队迅速收复沿线村、镇、地区和城市，解放了当地人民，建立起民主政权。与此同时，国民党军队按照蒋介石的命令急忙出兵抢夺胜利果实，抢占了许多大中城市、港口码头和铁路区段。因此，平绥铁路出现了割据态势：北平至西拨子站为国民党区，约90公里；康庄至三条涧信号所为解放区，约290公里；孤山至旗下营车站为解放区，约260公里；陶卜齐至包头车站为国民党区，约178公里。平绥铁路总的态势是：解放区占550公里，国民党区占268公里。

为管理好解放区的平绥铁路，晋察冀军区于1945年8月20日平地泉解放后，立即成立了“军管平绥铁路管理处（西段）”，由蔺子安担任主任，组织职工积极恢复管内运输生产。9月25日，在解放区内的平绥铁路线上，由晋察冀军区在张家口成立了平绥铁路管理局，张克宇任局长（后为吴德），晋察冀军区派来的陈之千、员宪干为总务处长，白铁岩为运输处长，李冷为公安处长，同时还配备了各业务、职能部门的负责人。铁路管理处对日伪时期员工，无罪恶者一律留用，量才安置。不但把原来的站、段长及各部门专业技术人员保留下来，还提拔、重用了有专长的工人和职员。广大职工深受感动和鼓舞，积极投入生产，为迅速恢复通车献计献策，支援解放军前线作战，保障当地人民生活。解放区铁路工人初次享受到当家作主的权利，摆脱奴役，过上幸福生活，无不额手称庆。铁道线上日夜奋战热火朝天，人人盼望早日全线通车。经过积极准备和努力，10月6日康庄至周士庄、张家口相继恢复通车，12 月张家口至天镇通车，到了 1946 年 2 月 1 日，东段全部通车。由于大同尚未解放，平绥铁路东、西两段不能相连，阻碍了人民解放军前进。平绥铁路管理局成立后，军管平绥铁路（西段）管理处归铁路管理局。

1945 年 10 月，平绥战役前夕，晋察冀部队东撤，管理处移交晋绥部队接管，由绥蒙区党委领导，改称平绥铁路西段管理处。为加强西段管理处的工作，由晋绥分局、绥蒙区党委抽调一批干部担当领导工作。主要干部有：处长蔺子安、白成铭（后为郎觉民）；副处长秦汉；秘书长袁伯海。

根据党在新时期的新任务、新要求，西段管理处结合平绥铁路西段的现实情况，在对日伪时期的铁路员工量才使用的同时，动员广大职工

⑪ 平绥线铁路工人抢修铁路支援解放军

积极投入生产，恢复铁路运输。1945 年 10 月，解放军占领的堡子湾至旗下营间铁路被破坏得十分严重。线路多处被毁，机车、车辆残缺不全，运输无法进行。而贺龙部队的一二〇师和王震的三五九旅在这一带和国民党军队作战，急需铁路迅速恢复通车，承担军用物资、部队和伤员的运输。为此，平绥铁路西段管理处向解放区铁路工人发出号召：“尽快恢复通车，支援解放战争。”各级组织积极响应，发动工人不分昼夜，想方设法整修线路，为通车做准备。面对机车、车辆严重缺乏，车辆部门的工人组成车辆整修队到铁路沿线各站收集车辆及配件。十几天内，收集到 150 多辆篷车和敞车及许多车辆配件。工人们不分昼夜，连续抢修。缺少配件，他们到废铁堆、旧车库里去找；修车需要大量木材，他们到地方木材站拉来了原木，从铁路两侧砍树，搭起架子，自己拉锯破木材，

⑪ 解放军攻占丰镇火车站

解决急需。没有现成的客车，工人们把30吨的货运篷车进行改装，做临时代用客车。为解决没有铁路运输动力机车的难题，机务工人把集宁库房里仅有的三台破机车推出来进行抢修。这里虽然是解放区，但刚解放两个多月的时间，共产党还没来得及为工人改善生活环境和工作条件。粮食缺乏，工人们难以顿顿饱餐；时至深秋，单薄的破衣烂衫挡不住塞外的寒风，可工人们知道，共产党、解放军和工人群众是一家人。他们忍受着饥寒，干活不讲条件、不讲代价。工人们说：硬可不吃饭、不睡觉，也要尽快修好机车，开通线路。机油是机车、车辆不可缺少的润滑剂；解放区没有，有机油的地方在敌占区——大同机务段。为早日通车，丰镇工人积极分子朱永生冒着生命危险，乔装打扮到大同机务段，在熟人和工友们的热情帮助下，历尽艰难，弄回了两桶机油，解决了机车、车辆的急需。经铁路沿线工人群众的共同努力，终于初步具备了通车条

⑪ 1946年，平绥铁路西段铁路工人和人民解放军一起，欢庆解放平绥铁路西段的胜利

件。11 月 30 日，随着一声汽笛的长鸣，平绥铁路丰镇至卓资山段临时列车开通运行，每天一个往返。既承担着军用物资、部队和伤员的运输；同时，还解决了群众乘车需求，便利了商贸往来。

为职工群众报仇雪恨，管理处开展了清算、复仇的斗争。工人群众对过去压迫他们的汉奸、特务、恶霸恨之入骨。日本侵略军占领丰镇时期，铁路职工的口粮实行配给制，由润记粮行发放。为了盘剥工人，润记粮行往白面里掺糠面、观音土，小米中掺砂子，工人们吃了胀肚、胃痛，甚至肠子被坠坏，严重损害了身体健康。工人们非常气愤，主动联合领配给粮的单位（包括铁路外的企业和单位），准备举行一次“拒领示威”。不料消息走漏，被特务抓走数人，“拒领示威”遭到破坏，未能实现。丰镇解放后，铁路职工纷纷起来揭发润记粮行的资本家，发动了“糠面斗争”，控诉了不法资本家勾结汉奸、日寇在“‘配给粮’中的面粉里掺糠面、小米里掺砂子，损害人民健康和生命”的罪行；打倒了润记粮行二掌柜，追回了 20 余万斤粮食。大快人心，工人们无不拍手称赞。

管理处为捍卫胜利果实，相继恢复和建立起工人纠察队，不仅保证了站车秩序和沿线安全，而且在解放战争中配合解放军作战，发挥了积极作用。

1946 年 1 月 13 日晨，集宁遭袭失守。解放军寻即组织反击。18 日晨，收复集宁，史称第一次集宁战役。

在这次战役中，铁路工人纠察队配合解放军在平绥铁路西段沿线一些车站、桥梁、重要设施和处所，设防保护。运输线上的工人昼夜值班，坚持岗位，保障列车正常运行，保证军事运输的需要，圆满地完成了任务。胜利夺回集宁后的当月，绥蒙军区姚喆司令员视察了铁路工人纠察队，对他们给予了嘉奖，并配发了枪支、弹药，使队员们受到很大鼓舞和鞭策。

在战斗、生产极其紧张的日子里，西段管理处党组织还加强职工的政治思想工作，开办学习班轮训职工，提高队伍素质，为新中国铁路建设发展做准备、打基础。

与之相反的是国统区铁路工人受尽凌辱和剥削。平绥战役结束后，解放军撤出归绥、包头。国民党军队进驻归绥，并控制了平绥铁路归绥至包头段，设立“平津区铁路管理局运输第三总段”，管理绥包段运输业务。总段长崔世达，下设稽核、营业、行车、列车等各股室；同时还设立了归绥运输段，段长高文藻。国民党在归绥设立了区党部，由郝世宽（后来被镇压）负责。与此同时，“黄色工会”随之而来，组织成立了“归绥铁路工会”。这些党棍、工贼竟以接收大员自居，飞扬跋扈、胡作非为。国民党统治区的铁路工人们过着物价飞涨，民不聊生，朝不保夕的苦难生活。他们期盼着早日获得解放，能和解放区铁路工人一样，成为当家作主的主人，不受凌辱和剥削，能为解放全中国贡献一份力量。

平绥铁路工会恢复重建 工人运动开启新的篇章

抗战时期，日本帝国主义残酷摧毁了工会组织。解放翻身后的铁路工人迫切要求恢复重建工会。在各级组织的积极努力下，平绥铁路先后恢复和重建地区工会：张家口地区工会于 1945 年 12 月 10 日组建，选出马福祥、杨青山、郭树和、林松年、张良等 9 名委员。丰镇地区工会于 1946 年 1 月成立，选出马致远为工会主任，朱永生为组织委员，曹秉钧等 6 人为委员。随后，各地区、站区工会相继成立。平地泉地区工会选出郑有贵为主任，尹连凯等为委员。卓资山地区工会选出工会主席王宝成，委员梁义。永王庄站区选出工会主任谷良玉。平绥铁路西段管理处工会已于 1945 年 11 月组建成立，主任为杨干，副主任为刘林元，组织部部长为郎觉民，宣传部部长为刘竹邨。

平绥铁路各地区基层工会和西段管理处工会建立以后，工人运动蓬勃开展。在此基础上，1946 年 4 月 4 日，平绥铁路总工会宣布成立。成立大会在平绥铁路管理局所在地——张家口召开。东、西段共 92 名职工代表参加，列席代表 76 人。大会提出，全体职工要增加生产，支援解放战争；提高工人政治地位，当好主人翁；改善职工生活等工作任务。

大会通过了《平绥铁路总工会目前纲领》(简称《纲领》)。《纲领》中指出：团结全路局职工、各业工人、各界人士，坚决保卫和平，迅速实现政治协商会议决议。在解放区职工中开展大生产运动；加强工人纠察队，保护铁路财产；组织工人参政，关心、管理国家大事。

大会还向党中央、毛主席发了致敬电。党中央、晋察冀边区政府、绥蒙区党委给予大会热情关怀，中央局晋察冀委员、边区总工会主席等领导同志亲临大会祝贺。北平、平汉、热河等工会代表向大会送来锦幛、贺词，表示祝贺。

大会选出徐平为总工会主席，杨干、李连升为副主席。总工会于4月12日正式设立了办公机构：周荣鑫任秘书长，杨青山任组织部部长，何明英任宣传部部长，王荣任劳保部部长，秦道明任工人纠察队队长，邱文荃任俱乐部主任。西段管理处工会组织机构及领导保持不变。

平绥铁路总工会的成立，是平绥铁路工人运动史上的里程碑。标志着在中国共产党领导下，平绥铁路工会组织站在了新的历史起点上。这是铁路工人运动史上一个根本性历史转折的新起点。地位不同了，工人运动的任务发生了根本性的变化。

在这史无前例的新起点上，总工会在共产党领导下，按照新时期新任务的要求，组织动员解放区铁路职工先后开展了五个方面工作：

一是继续恢复生产，保证安全运输。总工会发动职工群众，在巩固、保证现有通车线路正点、安全运行的同时，继续积极抢修战后残破不堪的线路、设备、机车、车辆，尽快实现通车。为了抢修机车、车辆，职工们克服了材料、工具缺乏和技术力量不足的困难，集中智慧，群策群力；经过日夜奋战，在巩固、完善西段卓资山至丰镇已通车的基础上，又延伸到孤山至旗下营间，基本实现了西段全线通车。东段加强行车管理，提高运输安全正点率，不断满足前方战事和解放区人民的需要。

二是继续深入开展清算、复仇斗争。对过去压迫人民的汉奸、特务、恶霸，人民恨之入骨。继1945年10月丰镇铁路工人进行“糠面斗争”，打倒了润记粮行二掌柜之后，总工会借助这一事例，大力宣传，继续发动职工群众和家属清算汉奸、特务、恶霸及坏分子的罪行，配合人民政府为群众报仇雪恨。各地先后惩办了一批犯罪分子。西段：平地泉斗争了敲诈勒索、坑害人民的伪警务段巡官张仁、吴朝凤等人；卓资山、三道营批斗了汉奸恶霸。东段：柴沟堡、阳高等地惩办了大汉奸孙守本（外号“孙麻子”）；张家口处决了罪大恶极的伪警务段巡官张仲扬、任连举；同时欺压工人、侵占公款公物的董维孝、何进仁、梅富来等人相继受到惩处。这些清算斗争的胜利，使全线职工精神无比振奋。

三是充分发挥工人纠察队作用。为防止国民党反动派从东、西进攻平绥铁路，总工会组织建立健全各地区铁路工人纠察队，并强化纠察队应战能力的建设。在维护站车秩序，保卫工厂、单位安全的同时，积极配合当地军警盘查可疑人员，搜捕漏网敌特分子，有力地镇压了蠢蠢欲动的特务、汉奸，清除了敌伪残余势力。丰镇查获了国民党反动派的特务机关和电台。平地泉挖出反动组织中隐藏的特务分子。张家口、下花园破获了阴谋破坏机车和矿山发电厂的潜

⑪ 操练中的工人纠察队

伏武装特务组织。

铁路工人纠察队在 1946 年 9 月第二次集宁战役中，积极维护治安，保护铁路运输畅通。他们沿铁路线站岗放哨，把守车站、库房、主要街道；在运输线上，工人们冒着生命危险，往返运送兵员和物资。战斗打响前，纠察队协助解放军修筑铁路两旁的防御工事；战斗打响后，有的防御工事被炮火轰破，当炮火停止的间歇，他们不顾生命危险，主动地帮助战士们修复被破坏的工事。

此役中，铁路工人纠察队在出色地完成了任务后，随部队转移，参加了正规部队，奔向解放战争的各个战场。同时，职工当中有很多人申请参加解放军。经工会审核，上级批准 200 余人参加了解放军，随军南征北战，为解放全中国贡献了铁路力量。

⑪ 平绥铁路西段总工会工人业余剧团，在慰问人民解放军演出后合影

四是建立正规学习制度。各级工会结合单位实际，订立学习制度和计划，坚持学习时间，落实学习任务和学习内容，使职工学有所获，学有所得。不仅提高了政治理论和文化知识水平，还增强了工人阶级当家作主的光荣感、责任感和使命感。

五是建立工人俱乐部。为增强职工身心健康，活跃文化和体育生活，总工会建立了工人俱乐部。俱乐部根据各个时期宣传任务，组成了“铁路工人慰问团”，慰问在前线作战的解放军官兵。解放军围攻大同时，战斗打得十分激烈。铁路工人慰问团分成两队，一队由平绥西段工会负责人杨干带队，一队由总工会副主席李连升带队，在大同城外，环城慰问战士。他们给战士带去了工人自编自演的文艺节目、送上了慰问品的同时，还到战斗的前沿阵地，鼓励战士们杀敌立功。

在开展以上五个方面工作的同时，总工会还想方设法增加工人收入（以小米折算现金），改善职工生活；安置失业职工，救济贫苦工人。因此，得到铁路职工的一致拥护，革命热情普遍高涨，生产积极性充分调动，解放区焕然一新，呈现出一派欣欣向荣的景象。

平绥铁路又起硝烟
铁路工人奋勇再战

1946年6月26日，国民党军队先后向各解放区展开大规模的军事进攻，发动了全面内战。一时间，全国各族人民又陷入了水深火热的战乱之中；平绥铁路也是硝烟弥漫，炮火连天。

按照中国共产党军事委员会8月16日发出的“集中优势兵力、各个歼灭敌人”指示和部署，人民解放军于8月至9月撤离平绥铁路，进行战略转移。平绥铁路的铁路工会干部、工人纠察队和大部分积极分子也随军从8月31日至10月9日先后撤离平绥铁路。与此同时，铁路工会成立了交通站，将铁路职工和家属向解放区转移。国民党军队趁着解放军暂时转移，集中优势兵力，组织大战役之机，占领了平绥铁路大部分地区。旗下营、卓资山、集宁、丰镇、张家口等解放区先后失陷。留下来的铁路工人遭到国民党的普遍压榨和针对性的打击迫害。工人们在共产党和工会组织的秘密领导下，与反动当局展开了多种形式的斗争。

随军战略转移

面临严峻的形势，平绥铁路西段100多名铁路工人在共产党的组织下，来到了晋绥军区和行署所在地——兴和县。经过了几天的休整，党组织决定将这支工人队伍组成职工大队，在平绥西段办事处工委委员、工会负责人郎觉民、刘竹郫的带领下，随军转移，到了晋西北的岚县解放区。党组织对这支产业工人组成的职工大队很重视，将队员编入晋绥实验学校学习政治理论，并从各方面对他们进行培训。同时在工人中发展党员，选拔干部。不久，职工大队又来到晋中和晋南一带。职工大队中一部分同志组成土地改革工作队，深入农村进行土地改革。还有一部分同志进入晋绥军政干部学校系统地学习，被培养成铁路工作的骨干，成为新中国铁路部门的领导力量。

平绥铁路总工会各部门人员随军撤离后，有的到前线参加作战，有的深入敌后开展工作，均为建立新中国贡献了铁路力量。

反对铁路当局的斗争

平绥铁路及解放区的人民解放军撤离后，国民党部队占驻，这里变为国统区。平绥铁路物价飞涨，货币贬值，工人最基本的生活都没有保障，铁路工人处在水深火热之中。国民党军队成立了“张家口铁路办事处”，在大同设立了段联会管理西段铁路，原段长继任总段长。“黄色工会”下的工贼又回到卓资山、集宁、丰镇等平绥铁路沿线和地区，依仗归绥设立的“平津区铁路工会归绥铁路工会”压榨、监视工人，实施暴行。

没能及时随军撤走而留下来的平绥铁路工人遭到了国民党反动派的打击与迫害。1947 年上半年，国民党铁路当局下令对平绥铁路全线工人进行甄审，以审查是否参加过共产党组织或活动为名，大批开除工人，全线约有半数工人被开除。对留用的工人，要求结成“连环保”，几个工人结在一起互相担保，一人出现问题，其他人都要受牵连。除此之外，还给工人定下了一系列的苛刻规定和要求，使生活在水深火热中的铁路工人雪上加霜。这些行径激起了广大工人的极大愤恨。这些未能撤走的铁路职工，多数都接受过革命的启蒙教育，有一定的思想觉悟，对反动派的所作所为很是不满；铁路当局的甄审、裁员、连保等苛刻做法，更是激起了他们的愤怒。面对反动派的倒行逆施，铁路地下党组织和工会骨干成员组织工人采取多种斗争方式，予以抵制。他们秘密串联，到铁路沿线暗中传递、抄写、张贴、散发传单，揭露反动当局迫害工人的罪行，号召工人们团结起来，消极怠工，与反动当局做坚决的斗争。特别是包头地区铁路工会组织工人一直坚持为人民军队送情报，组织各种物资运往解放区。当时铁路工人开展了有组织的跑买卖活动，住在城里的铁路工人负责采购货物，跑火车的负责捎带，沿线小站的负责销售、输送。他们将食盐、布匹、纸张、药材、工业物资运到解放区；再从解放区运出需要销售的物资，有力地打击了敌人对人民军队和解放区的经济封锁。

与此同时，他们还组织工人设法配合人民军队破坏线路和设备，破坏敌人的铁路运输线。毕克齐破坏大桥钢轨，阻止敌军西撤，使国民党的铁路当局不得安宁。虽然国民党统治下的平绥铁路，曾于 1947 年 5 月一度从北平至包头全线通车，但国统区工人群众在共产党和工会组织的秘密领导下，与游击队密切配合，开展了卓有成效的工作，导致平绥铁路通车不到一年的时间，又变成了全线中断，处于瘫痪状态。

平绥铁路国统区铁路工人多种方式的斗争，策应了全国第二条战线斗争的深入发展，加剧了国民党反动派的失败和消亡。

平绥铁路获得解放
铁路建设迎来新发展

解放战争进入到1947年7月，形势发生了重大变化，越来越朝着有利于人民的方向发展。

在革命形势发生急剧变化，解放战场捷报频传的形势下，平绥铁路

丰镇解放后，城内很快恢复了繁荣景象

西段随军转移的铁路职工大队于1948年5月接到命令，随军北上。郎党民、吕树德等同志带队先到朔县，然后回到平绥铁路。9月，集宁解放。随后，解放军挺进到陶卜齐、白塔机场，平绥铁路西段除绥包段以外均重获解放。10月，原平绥路西段办事处的大部分同志回到平地泉，开始整顿西段，着手恢复西段铁路工会工作。12月，新保安至张家口重获解放，原平绥铁路总工会领导徐平等同志迅速回到张家口，领导全平绥铁路工会工作。

铁路工人成为新中国主人

1949年1月10日，中国人民革命军事委员会决定成立中国人民革命军事委员会铁道部，并由滕代远任铁道部部长，统一负责全国各解放区铁路的修建、管理和运输。1月28日，在石家庄召开了全国铁路工作会议，正式组成军委铁道部。2月1日，北平和平解放以后，军委铁道部于当月20日移至北平办公。2月22日，成立平津铁路管理局，管理华北各条铁路，同时成立了平津铁路职工总会。

1949年1月，平绥铁路管理局和平绥铁路（西段）管理处（后改办事处）先后恢复了工作，蔺子安任局长；西段办事处由郎党民任处长。平绥铁路西段回到人民怀抱后，2月5日在平地泉召开平绥铁路西段职工代表大会。当时平绥铁路西段还处于战时状态。为开好大会，管理处党委作了周密的安排，使大会开得隆重、热烈。他们将仅有的三辆客车披红挂花，装成彩车，到沿线各站迎接代表前来开会；沿线各站组织了秧歌队、腰鼓队，燃放鞭炮，热烈欢送会员代表参加大会。会议期间，绥蒙党政军领导高克林、云泽、姚喆等同志发来贺电。大会通过了适应平绥铁路西段形势和任务的各项有关决议；选举产生了平绥铁路西段工会委员会。主席杨干，副主席关英茂，秘书长张翼成，秘书朱永生，组织委员吕树德，文教委员刘德山，劳保委员赵让，青年委员王效雨，武装委员刘德华。大会还选出了出席东北劳模大会的代表。4 月，平绥线上设立了平津铁路职工总会张家口分会，负责全平绥铁路工人运动和工会的各项工作。

在中国共产党领导下，工人阶级逐步成为当家作主的主人。5 月 1 日，在哈尔滨召开了东北铁路首届职工代表及英雄模范工作者大会。平绥铁路派出八名代表参加，前往天津与全局 100 名代表汇合，共赴东北参加大会，受到当地有关方面领导和同志们的热烈欢迎。

会议期间，介绍了东北各局开展的铁牛运动的生产经验，并向全国推广。平绥铁路的代表们回来后，立即向西段职工传达大会精神，对管内运输生产起到极大的推动作用。

同年 7 月，在北平召开了全国铁路职工临时代表大会。天津区代表团一行 14 人，西段办事处刘德山同志为列席代表。大会听取并通过了铁道部滕代远部长《目前形势与铁道方针、任务》的报告及相关决议；选举出 53 人组成全国铁路总工会筹委会。

1949 年 4 月平绥铁路西段选出吕树德、刘德山等代表赴哈尔滨参加东北铁路劳模及职工代表大会

由于大同已在5月1日解放，平绥路西段办事处从平地泉迁往大同，成立了大同地区工会。与会列席代表刘德山同志负责传达贯彻大会精神。平绥铁路干部职工聆听大会精神后，全面开展了生产运动，从而使重获解放的平绥铁路沿线及地区呈现出热火朝天、轰轰烈烈的恢复运输、发展生产的新景象。

积极参与绥远和平解放

在前方战场胜利捷报频传，解放区军民发奋工作、积极生产支援前线的大好形势下，平绥铁路全体员工共同努力，使该线由北平通车至旗下营，仅剩绥包段为国民党军队控制，未能通车。

1949年3月初，中国共产党七届二中全会上提出，以“绥远方式”和平解放绥远，待时机成熟，促使国民党军队举行和平起义。6月8日下午，举行了《绥远协议》签字仪式。

《绥远协议》的全称是《绥远问题协商委员会关于绥远划界、交通、金融、贸易、派遣驻归绥联络机构等具体问题的协议》，其中对平绥铁路的管理有明确说明，包头至白塔段之平绥铁路，归中国人民革命军事委员会铁道部统一管理。该段旧有职工，原则上暂不更动。车票运费均以人民币为计算标准。在此期间，平绥铁路西段管理处对董其武的军政公用运输予以优待和便利。

为执行和推动《绥远协议》，华北人民政府派出驻归绥联络处作为中共方面的代表机构。联络处下设铁路工作组和银行工作组。为早日恢复铁路交通和货币流通，这两个工作组随联络处一同进驻归绥。联络处进驻归绥后，国民党反动派极力破坏协议的贯彻执行，特务机关派出大批人员散布反动谣言蓄意制造事端，蛊惑不明真相的群众。一时间，反动谣言此起彼伏，甚嚣尘上。对此，联络处一方面组织各方的力量予以反击；一方面派出有关人员走向街头、车站、广场等，采取多种方式宣传共产党的主张和政策。在联络处和有关人员的共同宣传和努力下，很多群众了解了共产党的主张，看清了国民党反动派的真实面目。

铁路工作组由平绥铁路西段办事处主任郎觉民任组长，王士鑫任秘书，任光棣、王宝堂、陶俊等同志为工作组工作人员。工作组 7 月间进入归绥，住在归绥火车站，积极为平绥铁路通车奔忙。在联络处领导下，铁路工作组的同志深入到归绥火车站、运输车务段以及铁路段长和工人、员工家中宣传《绥远协议》的主要内容，讲述通车的重要意义。铁路员

⑪ 归绥联络处驻地（今呼和浩特市新城区西落凤街十一号）

工听后，纷纷表示拥护共产党的主张，拥护《绥远协议》。特别是许多段长公开表示，要一心一意走和平解放的道路，保证铁路通车。与此同时，归绥铁路地区的工人群众在联络处铁路工作组和工会的领导组织下，开展迎接绥远和平解放的各项斗争和活动。特别是面对反动派扬言要炸毁铁路设施、破坏铁路线路的垂死号叫，组织工人护路队、纠察队保护铁路设施，保障铁路运输，与国民党特务展开了坚决的斗争。

尽管如此，归绥还有那么一股反动的顽固势力，凭借手中的武力，伺机捣乱，千方百计地阻挠、破坏绥远的和平解放。7 月 24 日下午两点，联络处铁路工作组秘书王士鑫偕任光棣、王宝堂等从归绥旧城返回新城的路上，王士鑫被特务用手榴弹、冲锋枪伤害倒在血泊中，抢救无效，壮烈牺牲。

王士鑫遇害后，联络处提出抗议，国民党绥远省主席董其武前来道歉。在双方共同努力下，凶手缉拿归案。绥远省委上报党中央，党中央指示“绥远方式”不变，并由傅作义将军偕邓宝珊将军等来绥远敦促起义。8 月 24 日，傅作义、邓宝珊等由潘纪文陪同西行——进入平绥铁路线。25 日途经丰镇时，绥远省党政军领导人高克林、杨植霖、姚喆等在车站迎候，并进行了热烈的交谈。随后继续西行，改变原来到美岱召村的计划，于当天下午 5 时到达归绥。

在共产党的领导和大力支持下，经过缜密细致的工作，排除了国民党反动派各方的干扰，终于在 9 月 19 日，实现绥远和平起义。

绥远和平解放，铁路工人欢欣鼓舞，工会组织的工人秧歌队、腰鼓队上街游行、集会，在大街小巷张贴标语，欢庆绥远走向伟大的新生，欢庆平绥铁路回到人民的怀抱。

进入建设发展新时期

1949 年 9 月 30 日，京绥铁路结束了线路阻隔分离的局面。在新中国阳光普照下，经过全线干部职工的日夜奋战，10 月 17 日，京包铁路全线修复通车。

随后京包铁路逐步走向正轨。1950 年 1 月归绥车站定为二等站，包头车站定为三等站。张家口铁路分局派张翼成主持京包线西段工作。京包线开展文化学习和扫盲运动，3000 多名职工在短时间内摘掉了文盲帽子。10 月，京包线广大职工积极踊跃报名要求参加抗美援朝；12 月，批准第一批赴朝职工 470 人。1954 年 4 月 25 日，绥远省与内蒙古自治区合并，归绥市改称呼和浩特市，车站改称呼和浩特站。1958 年 11 月 1 日，呼和浩特铁路局（简称呼铁局）成立。呼和局与兰州局在包兰线三道坎站和石嘴山站间 423 公里处划界；与太原局在京包线大同至孤山间 391 公里处划界；管内里程 1397 公里（含集宁至二连浩特、包头至白云鄂博、包头至石拐等支线）。同日，呼铁局工会筹委会成立，雷华（王文俊）任筹委会主席。11 月 4 日，《内蒙古铁道》报创刊，每周二发行，自治区主席乌兰夫题写了报名。从此，历经沧桑的京包铁路步入了建设发展的新时期。

GEMING GUSHI

革命故事

綏
察
哈
爾
山
直

孙中山视察京绥铁路

孙中山青年时代，写过一封《上李鸿章书》，提出开矿山、筑铁路、开工厂，采用机器生产等保商兴路的建议。全部意见概括为：“人能尽其才，地能尽其利，物能尽其用，货能畅其流。”1912 年 4 月，孙中山先后历游武汉、福州、广州等地，致力宣传发展民族工商业和铁路交通事业；9 月，孙中山接受了袁世凯特授的“筹划全国铁路全权”，担任全国铁路

⑪ 1912 年 9 月，孙中山视察京张铁路时，在张家口车站与欢迎者合影

督办；10月在上海成立了“全国铁路总公司”，并请来詹天佑做他的助手。开始研究铁路工程资料，规划全国铁路建设蓝图，并且首先视察了国人自筑的第一条铁路——京绥铁路。

1909年10月，京绥铁路第一段工程——京张路建成通车以后，即向西展筑，成立了张绥铁路局。1911年11月，张家口至阳高段通车。后因政局不稳，关内外铁路余利停拨，筑路工辍。张绥铁路全体人员于1912年初，全部撤到张家口停工待命。京张铁路线照常运行。

1912年9月6日晨，孙中山从西直门乘专列去张家口，一路上对铁路各项建设巡视察看，下午到达张家口站南大湾道起点处，步行勘察铁路建设情况。

京绥铁路管理局负责人和张绥铁路总工程师邝孙谋率领段、站长及员司、佚目，齐集张家口车站，热烈欢迎孙中山先生的到来。孙中山先生向欢迎群众挥手致意并合影留念，然后来到京张铁路管理局，听取并询问了张绥铁路进展情况后，登车返回北京。

孙中山的张家口之行使全线职工备受鼓舞。铁路管理局总办关冕钧接受全体职工力图进展的请求，当年10月由阳高续开工，向西展修，直向大同府。

孙中山勘察京绥铁路之后，又先后巡视了北宁、津浦、胶济、沪杭、南浔等铁路，走遍了半个中国。多次发表演讲，宣传强调修筑铁路的重要性，以及他筹划修建中国铁路的设想和宏愿。

何孟雄：京绥铁路早期工运优秀领导者

回顾京绥铁路百年革命历史不可不提到早期铁路工人运动的优秀领导者何孟雄。

⑪ 何孟雄（1898—1931），早期工人运动领导者之一

五四运动后，在革命先驱李大钊的领导下，组织成立了北京大学马克思学说研究会，何孟雄是研究会成员之一。何孟雄于1920年加入北京的中国共产党早期组织，在学习、研究、传播马克思主义的同时，接受组织派遣，多次深入京绥铁路沿线铁路工人中间，了解工人生活，宣传革命真理，提高工人文化水平，开展工人运动，在京绥铁路沿线播撒了革命的火种，1921年转为共产党员。

1922年，中国劳动组合书记部北方分部主任李大钊派何孟雄以铁路“密查员”的身份到京绥铁路沿线组织开展工人运动。

当时京绥铁路当权者营私舞弊，破坏路政，出卖路权，致使一条原本盈利的铁路负债3600多万元。广大铁路工人工资本来就低，此时又因直奉战争连续八个月不发工资，生活在无尽的苦难之中。何孟雄临危受命来到京绥铁路后，顺应广大铁路工人反对剥削压迫、摆脱苦难生活、争取基本人权的强烈要求，开展有组织的反抗斗争。沿线各大站纷纷建立起了工人运动小组，从此京绥铁路工人运动有了中国共产党正确指引，有了明确的方向目标。

据史料记载，当时京绥铁路工人分为机务、厂务、车务三部分。机务工人有精业研究所，车务工人有同人会。何孟雄在推动工人运动发展中，利用总部设在张家口的机务工人精业研究所开展工作。明确提出研究所的工作宗旨是“联络感情，交换知识，提高工人社会地位，维护工人利益”。随着斗争的不断深入，精业研究所的作用不断增强，地位不断巩固，影响不断扩大，已经成为在党的领导下组织起来的工人组织。

何孟雄依托精业研究所设在沿线各大站的分支机构推动工作。他经常利用晚上工人下工时间和他们聊天。当时铁路工人文化程度普遍不高，很多都不识字。何孟雄就用一些通俗易懂的语言讲故事，说时事，谈苏俄革命，讲世界大事，讲英、德、美等国工人的斗争，很容易被大家接受。这期间何孟雄还在大同、丰镇、平地泉等地创办了铁路工人夜校，讲解马克思列宁主义理论知识和中国共产党领导中国人民革命的道理以及工人阶级在中国革命中的重要地位和作用。为了使革命理论让广大职工群众容易理解和掌握，他还编写了通俗易懂而又富有强烈革命理想的顺口溜和诗歌，启发工人群众反对剥削压迫、追求真理、当家作主的革命觉悟。

1922 年 7 月，何孟雄等来到京绥铁路西段开展工作，发现现有铁路“车务工人同仁会”不为工人说话办事，反倒成了欺诈铁路工人的工具。何孟雄同工人代表商量，决定改组“车务工人同仁会”，把欺诈工人的帮凶员司等清理出去，成立了以车务工人为主体的车务工人同人会，草拟了《车务工人同人会章程》四十条，提出了“救国扶危，联络感情”的口号，总部设在张家口。公推李连升为总会会长，何孟雄为秘书长。大同以西分会长为：丰镇魏化池、平地泉张树珊、归绥胡珍、包头陈洪山。这是京绥铁路最早成立的共产党领导的工会组织。

在何孟雄等人的领导下，车务工人同人会于1922年10月27日发动了京绥铁路车务工人大罢工，提出补发八个月的欠薪和增加工资、提高待遇等11条要求：1. 工人一律加资，由要求之日起。2. 不论工人月给多寡，一律增加二圆。3. 工人行车饭费一律增加三角。4. 每年加资一次。5. 星期日、节日为公休日，公休日工作者加倍支付工资。6. 工人因病死亡，支给一年伤亡工资。7. 执行公务死亡时支给二年伤亡工资。8. 直奉战争中照常工作的工人，加倍支给工资。9. 承认现“车务工人同人会”有代表车务工人之权能。10. 解雇工人时须先将详细理由通知“同人会”。11. 照下级职员办法发放工人制服。以上11条限24小时答复，但铁路管理局不予理睬。

当天早上七点总罢工开始，各分会一致行动在各地游行、演讲、宣传罢工的理由，揭露当局的恶行。铁路当局派执法处阻止罢工，被愤怒的工人赶跑。铁路当局又收买工贼暗中捣乱，强行开动机车企图破坏罢工。会长李连升率领工人赤膊卧轨拦车。当局出动军警大肆镇压，抓捕了罢工组织领导人。此举引发了全国铁路工人的一致抗议，各路一致声援京绥铁路工人。当局畏惧事态扩大，被迫命令京绥铁路管理局局长答应工人提出的11条要求，罢工取得了胜利，10月29日复工。这是当时北方地区规模很大的一次罢工斗争。中国共产党领导的革命斗争通过这次工人运动向内蒙古地区深入发展，传播了马克思主义，扩大了革命影响，培养了革命的骨干力量，对推动内蒙古地区革命形势的发展产生了巨大的作用。

1925 年，何孟雄领导成立了京绥铁路总工会并任秘书。何孟雄在之后的革命生涯中担任过很多党的重要职务。1931 年 1 月，何孟雄在上海被捕，2 月 7 日英勇就义，年仅 33 岁。

张有明：王若飞在狱中的地下交通员

㊣ 王若飞（1896—1946），中国无产阶级革命家

王若飞在狱中斗争的故事，是广为人知的一部可歌可泣的革命斗争篇章。其间，平绥铁路工人张有明卧底监狱，成为王若飞与党组织铁窗内外联系的地下交通员。这一重要的红色历史故事也应写进平绥铁路革命史册。

王若飞是贵州安顺人，1922 年在法国勤工俭学时加入中国共产党，是中国共产党旅欧总支部的发起者和负责人之一，也是中国共产党早期的杰出领导人。他少年时期即投身革命，曾先后赴日本、法国、苏联留学，曾担任中共中央秘书长、中共中央党务研究室主任、中共中央南方局工委书记等职，后因飞机失事不幸遇难，是著名的“四八”烈士之一。

王若飞 1923 年在苏联学习，1928 年任中国共产党驻共产国际代表。1931 年 7 月，共产国际和中共中央为加强西北和内蒙古西北地区工作，派王若飞化名黄敬斋回国，以西北特委特派员身份领导西北地区的斗争。9 月，王若飞住在包头泰安旅馆（复成元巷甲 16 号），与西蒙工委书记乌兰夫相聚，听取内蒙古西部党组织工作情况，传达党对内蒙古革命工作的指示，开展调查研究，部署新的斗争计划。11月21日，王若飞因叛徒出卖被捕，12月下旬被押解到绥远所谓“第一模范监狱”，1936年6月又被押解到太原陆军监狱。1937年6月，王若飞被无条件释放，共被囚禁达五年零七个月。

⑪ 王若飞居住过的包头泰安客栈

王若飞在狱中团结同志，顽强斗争，经受住了敌人的威逼利诱和假处决的生死考验。王若飞两次在绥远高等法院法庭上宣传马克思主义思想和中国共产党主张，痛斥国民党反动派罪行，揭露国民党政府的腐败与残暴，显示了共产党人的凛然正气和大无畏斗争精神。王若飞还在狱中指导被关押的共产党员和革命者学会对敌斗争的方法和策略，辅导狱友学习文化知识提高大家的思想觉悟和理论水平。在近六年的铁窗生涯中，他始终坚贞不屈，坚持革命斗争，时刻做好牺牲准备，展现了他为革命事业奋斗、坚守理想信仰的共产党人光辉形象。

王若飞的被捕对党在西北地区的工作是很大的损失。乌兰夫在敌人的通缉下，不畏艰险多方设法营救王若飞，并借助私人关系将共产党员、平绥铁路工人张有明安排在绥远“第一模范监狱”工作。张有明很快与王若飞建立了联系，成为铁窗内外的“地下交通员”，为党组织与王若飞秘密联系、信息传递、情况通报发挥了重要作用。

王若飞被捕后，乌兰夫、李森等立即开始营救工作，想方设法保释王若飞出狱。可是因为案情不同一般,谁也不敢插手。乌兰夫回忆说:“后来我找到了孟纯，通过孟纯又找到了在绥远监狱监二科当科长的任子华，他是能经常接近王若飞的人，对若飞狱中的生活给予了很多照顾。同时，若飞的舅父也常到狱中去探望，因此，当时王若飞生活上没有大的问题。我们也知道了若飞同志在狱中大义凛然、宣传革命真理、组织政治犯开展斗争的事情。为了加强与王若飞的联系，我又从包头找来一个叫张有明的党员同志，他是个南方人，长期在包头铁路上工作，绥远城里没有人认识他。任子华把他安插在监狱里做收发，负责狱内外联络工作。这样，狱内外的联系打通了，传递消息既快也方便。有一次，我给王若飞写了个条子，交给张有明带进去。我在条子上告诉王若飞同志，他被捕以后，包头地区党组织安全转移了，无一人被捕。同时，鼓励他坚持狱中斗争，我们正在设法营救他。张有明告诉我，王若飞住的牢房里很湿，时间长了会得病。我便叫云亭（乌兰夫夫人）为若飞缝了一个厚厚实实的棉背心，通过张有明送给了王若飞同志。”

在那艰苦残酷的日子里，张有明隐蔽在敌人身边，成为王若飞狱中的“交通员”。他冒着生命危险，想方设法传递情报，沟通信息，使王若飞与狱外的乌兰夫、吉雅泰、奎壁、孟纯、李森等同志保持着密切联系，为党的地下工作作出了积极贡献。

史志春与陕甘宁
地下情报站

史志春，1919年出生在陕西省子长县（今子长市）一个贫农家庭，1934年加入共青团，1935年参加陕北红军，1937年入党，1983年离休，享受国家部长级医疗待遇。史志春于20世纪50年代调呼铁局工作后，曾任呼铁局第二工程处处长、呼铁局集宁分局党委副书记、呼铁局包头分局客运段党委书记。

抗日战争时期，史志春一直在陕甘宁边区从事搜集情报、锄奸肃特、安全保卫等外勤情报保卫工作。其工作性质极为复杂艰巨，稍有不慎就会导致自己、同志和战友受伤甚至流血牺牲。在斗争中，史志春和情报站的其他同志们巧妙地伪装自己，紧紧依靠和发动广大群众，坚决执行党组织的决定，一次次给予敌人重创。

1938至1939年，史志春在陕西黄陵县店头镇八路军店头办事处任特派员，并负责情报站的工作。为了及时准确地掌握敌特的活动情况，在当地老百姓配合掩护下，他经常变换身份化装侦察，获取情报。同时他还发展了一些当地可靠的进步力量为党做情报工作。其中店头镇有一位副镇长受抗日救国思想的影响，积极主动为八路军工作，利用副镇长的身份巧妙摸清了敌人暗藏在店头镇的6名便衣谍报特务并报告了史志春，锄奸队立即采取措施秘密逮捕处决了这6名敌特分子，震慑了敌人，使妄图破坏我八路军办事处的敌人成了“聋子”“瞎子”，不敢轻举妄动。

1940年4月，国民党纠集了四个团一万多人的兵力，从东西两侧把店头镇重重包围，这就是历史上的“店头事变”。但是，由于史志春所在的情报站及时掌握了敌人军事行动的相关情报，并提前送到了我军手中，使得我军掌握了主动权，一举粉碎了敌人的阴谋，打击了敌人嚣张气焰，保卫了延安与关中地区的交通要道。

1943年后，随着战局的发展，形势越来越对我方有利，八路军乘势而上，不断培养吸收年轻可靠的进步力量，史志春所在的情报队伍也在逐渐壮大。他们经过多层关系把一位同志安插在敌人的165师做内线工作。在以后的日子里，这位同志利用自己的特殊身份，通过艰苦细致地工作，为我军提供了大量有价值的情报。

有年轻人问史老在那种险恶复杂的环境中坚持斗争怕不怕，史老说那时每天都处在极其紧张兴奋状态，脑子里只想着怎样完成好承担的任务，顾不上想其他的。

史志春离休后有人问他现在有什么愿望时，他说：我最想做的一件事情就是带着我的子孙再去趟延安，看看我曾经战斗工作过的地方，看看长眠在地下为党的事业和中华民族的独立解放牺牲的战友，告慰他们的英灵。让子孙们牢记这段历史，更加珍惜现在、珍惜岗位、努力工作，多做有利于国家、有利于铁路建设发展的事。

杨植霖：白塔站脱险记

抗日战争时期，经常有八路军、抗日游击队从白塔站穿越平绥铁路打击日寇、运送物资以及传递情报……杨植霖同志曾在这里有过一次机智勇敢脱离险情的经历。

1937年，抗日战争全面爆发不久，时为大青山游击队负责人的杨植霖和几个游击队员在离白塔站很近的黑土凹村被敌人打散了。面对敌人的追杀，杨植霖一人在高粱地里躲到了黄昏时分，又渴又饿，又不敢进村，被打散的同志们也都不知去向。他便想到白塔车站附近去打探一下，摸一摸情况。

⑪ 白塔老站房

这时，天渐渐黑了下来，四处传来阵阵虫鸣。他警惕地摸到车站附近，发现满车站都是兵，他怀疑是日、伪军的先头部队打过来了……正想搞个明白，猛然间身后窜出几个人把他抓住，七拉八扯地把他带到了火车站的一间屋里，不容分说脱走了他的毛衣，把他仅有的50元钱也搜走了。

他们问杨植霖："你是不是那个埋炸弹袭击我们的人？"杨植霖莫名其妙地说："不知道。"那个抢他东西的士兵一下子把子弹推上膛，说："朋友，走，送你回老家。""你开什么玩笑，快放我走！"杨植霖说。"谁和你开玩笑，走！"说着往外推他。杨植霖想，这下碰上汉奸了，死也得死个明白。于是他就使劲拖住这个士兵，拼命地喊："汉奸杀人啦！你们这些卖国贼，为什么随便杀人？"正在这时，从车站站长室里走出一个当官模样的人，在场的人都称他为旅长。他说："放开他！"他把杨植霖带到站长室，问他叫什么名字，为什么还不逃走，留在这里干什么？杨植霖说："我叫杨植霖，现在日本人打进来，国破家亡，我不能逃走，逃跑是你们干的事。"

原来这人是国民党将领，他说："前几天我们部队由集宁向西撤离，途中火车被炸，死伤一些人，炸弹大概是日本特务埋下的。我们现在进退两难，部队纪律也很乱。"他向杨植霖表示抗战的意愿，他说，同胞能了解我这个心意，我就死而无怨了。

杨植霖说："你抗日，要拿出实际行动来，老百姓会原谅你的。"

他叫来几个士兵，让他们送杨植霖到车厢里休息，并叫杨植霖写信给熟人把他带回去，一个人出去危险。

杨植霖立刻给陶思浩村的贾四毛写了信，由一个士兵将信送出。在车厢里，士兵们围过来和杨植霖攀谈。他给士兵们讲抗日的形势，唱救亡歌曲，一曲接一曲，在一片热烈的抗日宣传声中过了一夜。

第二天，陶思浩村来了一群农民，有些是杨植霖的学生。杨植霖和

⑪ 解放后杨植霖（左三）重返大青山

这位旅长辞了行，来到贾四毛家。他打听、寻找李致方、刘洪雄和失散的其他同志们，但是都不知去向。

随着侵华日军沿平绥铁路向西逼近，大同、丰镇、集宁、归绥逐步沦陷，霎时间，阴云密布，人心大乱。杨植霖他们的活动只好转入地下，游击队员们也都分头隐蔽起来。

在后来的艰苦岁月里，杨植霖领导的抗日队伍在中国共产党领导下，经过艰难险阻、不畏牺牲与日寇进行英勇斗争，最终取得抗战的胜利。新中国成立后，杨植霖历任绥远省人民政府主席，内蒙古党委副书记、青海省委第一书记、西北局书记处书记、甘肃省委书记。他于1992年在兰州逝世，享年81岁。他系中国作家协会会员，著有《王若飞在狱中》《青山足迹——杨植霖回忆录》等。

三道营站夺枪记

三道营站是京包铁路集包段的一个四等车站，建于 1922 年，经历了百年的岁月。抗日战争时期，在这个小站曾发生过一次大青山抗日游击队未损一兵一卒夺取敌人枪支弹药的战斗。

1937 年 10 月，日本军队入侵平绥铁路后，为加强对三道营站及周边区域的统治，派驻了日军和管理人员，组建了伪军，设置了伪警察所。1941 年，抗战进入艰难阶段。为更加有力地打击日寇，中国共产党领导的绥中专署成立了抗日游击队，可装备严重不足，三个班战士只有一个班有枪。绥中专员程必达非常着急。

正当他焦急万分之时，三道营火车站铁路工人韩福林跑来，要求见八路军领导人。见到程专员后，他愤怒地说：“车站上的鬼子打人，我要报仇，不当亡国奴。”接着他讲了车站的情况，提到车站伪警察所新换了 16 支三八式步枪，子弹、手榴弹也不少。最后韩福林毛遂自荐要给游击队带路，下山夺枪报仇。

三道营车站上鬼子不多，主要有二百多名伪军。伪军中包括大队长郭某在内的许多人，家都在本地。程必达和大家商量，决定智取枪支。

⑪ 三道营老车站

他先派人与伪军队长讲明：“中国人不打中国人，我们到车站有事，你们别乱动。”最后谈妥，游击队撤出时，伪军出来放几枪听响，表示追击，好向日本人交差。

准备就绪，程专员和宋克赞县长率领专署干部和游击队轻装下山。先把车站两头的电话线切断，然后宋县长命令一个班在距离车站三百米远的伪军营房处警戒。

这时韩福林带专署刘副官和几个战士化装成伪军，巧妙地干掉站上放哨的警察，随即迅速冲向伪警察所的房门。韩福林一把拧开门，正在打牌的几个伪警察面对几支黑洞洞的枪口，惊得一句话也说不出来，都举起双手向一边站着。战士们把斜架的一排三八式步枪、钢盔和几箱子弹、手榴弹一起背了出去。

正在车站值班的鬼子站长发现情况不对，一边喊一边和另外几个鬼子往炮楼里跑。一名战士手疾眼快，一枪击毙了一个鬼子兵，剩下的鬼子爬上炮楼慌乱地向外射击，远处的伪军也开始放枪，顿时枪声响成一片。程必达即刻指挥游击队撤离，大家跨上战马，满载夺取的武器弹药凯旋。

不到30分钟，游击队未有一兵一卒损失，一场漂亮的夺枪战斗结束了。根据地的群众喜气洋洋地欢迎胜利归来的游击队，还编了一段顺口溜：

八路军真神勇，
铁路线上打敌人；
程专员能掐又会算，
小鬼子站长一命上西天。

夜袭陶思浩
突袭石拐镇

1938年10月，为了打击敌人的凶恶气焰，鼓舞各族人民抗日意志，尽快打开绥西的局面，八路军大青山抗日游击支队王尚荣团长和三营营长陈刚率领三营主力雨夜奇袭陶思浩火车站。

陶思浩站是平绥铁路绥包段上的一个火车站，位于归绥最西段，距归绥百余里，周围有一个二百多户人家的小镇。镇内驻有日军一个小队、伪军一个连，共一百五十余人，分住两个大院。夜间伪镇长派人打更，火车站有伪军站岗，戒备不严。大青山支队从后脑包、官地出发，经过白石头沟、巴总窑子到达九峰山下宿营。在一个狂风暴雨的夜晚，游击队急行军从美岱沟下山，直奔陶思浩火车站。十二连首先机警地消灭了火车站上的哨兵，切断通信线路，占领了火车站，并警戒援敌。九、十两个连分头突入日、伪军住的院子，机枪、手榴弹一阵猛扫猛轰。一百多名日、伪军被歼灭在睡梦中，大部分武器被击毁。战士们缴获机枪一挺、长短枪数十支、子弹数万发，还有一批日、伪军军服及大量烟土和粮食等物资。伪镇长被活捉。王尚荣团长向他讲明了八路军抗日救国的主张和对待伪军政人员的政策，他连连表示要弃暗投明，改邪归正，将

⑪ 陶思浩站日军碉堡遗址

功赎罪。他动员陶思浩镇上富商大贾捐献抗日物资，并将所聚敛的资财交给游击队。此役游击队共募集银圆数千元，伪钞等数万元，还有良马数十匹，粮食数十石。

在夜袭陶思浩不久，游击队发扬不怕疲劳、连续作战的作风，又确定下一个攻击目标——石拐镇。石拐镇位于包头东北九十余里，这里有著名的石拐沟煤矿。1938 年 7 月，日本帝国主义为了掠夺石拐的煤矿资源，投资 7 亿日元修建包头至石拐的铁路支线，石拐镇就成了敌人罪恶计划的战略支点。为了破坏和迟滞敌人这一计划的实施，八路军大青山支队决定突袭石拐镇。王尚荣团长率三营三个连，日夜兼程奔袭石拐镇。这又是一个阴云密布的雨夜，三个连分别摸进镇子，九连没发一弹占领了伪蒙军驻扎的院子，伪蒙军驻石拐煤矿代表在睡梦中被俘。其他各连也同时发起攻击，枪声喊杀声交织在一起，伪军惊慌失措，乱作一团，仅半个小时就结束战斗，俘虏三百余名，打死打伤百余人，缴获长短枪三百多支，还有大批的弹药及其他物资。袭击石拐镇使敌人的修建计划遭到重创。

遭受沉重打击的日寇不甘心失败，组织了疯狂反扑。几天以后，日寇从包头调动十余辆汽车，满载日、伪军，向石拐镇围扑。因敌我兵力悬殊，而且东、西、南三面受敌，九连主力果断从镇北撤出，进入山区。镇南土堡里负责阻击敌人掩护大部队撤退的一个排来不及撤退，便与敌人展开了激烈战斗，打退敌人数次冲锋，击毁敌方汽车四辆、坦克一辆，毙伤敌人二十余。直到夜幕降临，他们换上在攻打陶思浩站时缴获的日军服装，从镇西南伪军阵地蒙混突围，全员归队，无一人伤亡。日寇在石拐镇一无所获，我九连安然撤回后脑包一带。石拐镇一战，大青山抗日游击支队声震绥西，大大鼓舞了广大抗日军民抗战的决心和取胜的信心。

马林：延安精神的践行者

提到马林，曾在呼和局工作过的老同志无不交口称赞。他是呼和局任职时间最长的一位局长。在工作中，他敢于担责、善于管理、勇于实践，思路广、办法多，取得了许多优异成绩。在当时条件下，他想方设法为职工群众办了许多实事，是一位深受全局职工群众拥戴的好局长。

马林同志自觉践行和传承延安精神，一生为党和人民做了大量有益的工作，在革命战争年代也留下了许多生动的故事。

难忘的深巷小屋

1938 年初，林树森（马林曾用名）在西安机务分段行车室工作期间结识了吴冠杰等几位好朋友，有空时他们经常在一起谈论抗日战场的情况。吴冠杰经常给林树森讲八路军怎样在战场上不怕牺牲、浴血奋战取得胜利的战斗故事。同时，林树森也向吴冠杰讲了自己的家庭情况和社会关系。在林树森和吴冠杰交谈的过程中，林树森对中国共产党有了进一步的了解，产生了参加共产党的想法。那时敌我斗争非常激烈残酷，党组织也是绝对保密的。林树森在想：组织在哪里，怎样才能找到组织？这又不能问别人，搞不好会出问题的。林树森也不知道吴冠杰是不是共产党员，又不好问，便用试探的口气说："就是想参加共产党，也找不到组织。"这时吴冠杰对林树森说："我们都是工人，应该参加工人自己的组织。我也想加入组织，正在找。你也去找，谁先找到，谁就做介绍人。找的时候一定要慎重，不可莽撞，搞清楚后再问人家，不要着急，绝对不能和别人讲咱们正在找组织的事。"几天来，林树森一直在想：怎样才能找到组织？此事一定要慎之再慎，不可莽撞。但他坚信一定能找到组织。又过了四五天，吴冠杰告诉林树森说"我找到组织了，他们跟我说中国共产党是无产阶级的先锋队，每一个党员都要坚决执行党的决议，遵守党的纪律，保守党的秘密，为共产主义事业奋斗到底，直到牺牲自己的生命。"还谈到工人入党要有候补期，等等。林树森听后非常兴奋，希望吴冠杰给他当介绍人。吴冠杰说："我愿意给你做介绍人，但必须经组织上批准。"

1938 年 8 月 19 日下午，吴冠杰找林树森谈话："组织上批准你为中国共产党正式党员，因你是'西青会'（西安青年救国联合会）的成员所以没有候补期，介绍人就是我。"并约定晚上 9 点在西安火车站水塔下见面。林树森提前到达约定地点等吴冠杰。当车站的时钟敲响时，吴冠杰踏着月光由东向西走来。吴冠杰走到林树森的身边放慢了脚步说："跟我走，别跟得太近。"说完头也不回地向前走去，林树森站在原地没动，向吴冠杰来的路上看了看，没有发现异常情况，便随吴冠杰而去。大约走了十分钟，又拐进一条深巷，这时吴冠杰站住脚步，向林树森的身后看了看，确定无人跟踪，然后向林树森招手让他过去。林树森走过去，吴冠杰没说话，二人一同走进了一间小屋。屋内有张方桌，桌边有

3 条两人坐的长凳，桌上还点着一盏油灯。这时，同在西安机务段行车室工作的秦叙亭、王若望、穆尉华已经坐在这里了。二人进屋后坐下，王若望对林树森说："在座的都是同志，吴冠杰同志是你的入党介绍人。经支部研究决定，批准你为中国共产党正式党员。下面你要在党旗下宣誓。"这时秦舒亭从怀里拿出一面鲜红的党旗挂在东墙上。林树森才明白，原来他们都是共产党员并且是党支部委员。林树森在鲜红的党旗下举起了右拳，在吴冠杰的带领下庄严宣誓。宣誓完毕，五个人的手紧紧地握在了一起。林树森感到无比温暖，心潮澎湃，激动得泪水像泉涌一样，无法控制。这时王若望说："你被吸收为正式党员，编入陇海铁路长安机厂和长安机务段第十分段的共同支部。这里是一个临时的地点，你们先离开这里，有事组织跟你联系。"林树森永远忘不了那间小屋、那盏油灯和鲜红的党旗，庄严的誓词久久回荡在耳边，同时也深深地刻在脑海里。

林树森入党后，积极投身于艰苦、细致、充满挑战的地下工作中。他利用在行车室工作的便利条件，在群众中秘密开展宣传教育工作。向群众揭露日本侵略者的罪行，宣传共产党坚持抗战的策略方针，呼吁大家万众一心共同抗日。

⑪ 马林（左）到基层蹲点时和工人一起劳动

按照党组织的要求，林树森积极慎重地开展发展党员的工作，以壮大地下党组织的力量，更好地开展抗日救亡运动。他严格遵照组织的要求，对周围积极上进、爱国热情高涨的青年工人，注意加强启发和教育，坚持成熟一个发展一个，不凑数也不强拉，既要积极又要慎重的原则。先后，林树森在一年多的时间里，发展了三名党员。

惊险的秘密接头

1938年底的西安，由于日伪势力逐步增强，革命形势更加严峻，开展革命斗争工作也遇到重重困难。一天，林树森接受了组织上的一项特殊任务：第二天上午十点，到解放路28号福祥旅馆二楼204号房间，与上级党组织派来的同志接头，并特别嘱咐他在马路上就能看见二楼204号房间的窗台上有一个花瓶，花瓶里插着一个鸡毛掸子，是咱们的人事先安排好的接头信号，如果不在就是出了问题，你马上回来。接头暗号是：对方手里拿着一个四、五寸长的铜锅铜嘴的烟袋，他用烟袋在鞋底上磕两下，对你说："我没烟丝了。"你回答："我有。"虽然当时不知道上级派来的同志是谁、叫什么、来干什么，但林树森深知这次任务的艰巨和重要。第二天，林树森9点40分到了旅馆门前，看了看接头信号还在，因时间还早，林树森便在旅馆的附近观察周围是否有异常情况。事后得知，当时，国民党侦缉队也得到了这个情报，派了几个便衣来到了旅馆周围。组织得知情报已被敌人掌握，但林树森并不知道这个情况，如按原定计划接头，肯定会有危险。紧要时刻组织也掌握了敌特的行动计划及时采取了应急措施。这时的林树森突然发现旅馆周围有几个形迹可疑的人，他立刻提高了警惕，意识到肯定是出问题了。在这紧急关头他想不行就冲进去，取消接头信号，就是自己被捕了也要保护上级派来的同志。就在他准备行动之时，他的战友朱占义及时赶到，走到林树森的身边，放慢了脚步轻声说道：“情况有变。”林树森没有说话，二人便一前一后拐进了一条小胡同。林树森追上朱占义说：“现在怎么办?”朱占义说：“跟我走。”林树森着急说：“接头信号还在，上级来的同志按原定计划去接头，肯定会有危险。”朱占义没有说话，便带着林树森走进一个小院，院中无人。朱占义随手把门关上，林树森还没有来得及说话，朱占义便从门后拿出一个布包，边打开边对林树森说：“快把衣服换上，现在我是客商掌柜的，我叫胡福贵，你是伙计，叫田喜，咱们以住店的名义进去，然后再设法取消暗号。”二人边说边换好了衣服。再看这位胡掌柜的，头戴一顶昂贵的黑色皮毛帽子，身穿一件华丽的棉袍，还真有点大富商的派头。田伙计头戴一顶毡帽，身穿短衣，肩上搭着一个钱褡子，还真像个伙计。主仆二人大摇大摆地走进旅馆。进门后，林树森对店小二说“掌柜的，有上好的房间吗?”小二赶紧过来说：“二位楼上请。”说着小二在前面带路。上楼后，林树森观察到北面是单数，南面是双数，小二打开了201房间说：“二位就住这间行吗?”胡掌柜问：“有朝阳的吗?”小二说：“您看这间。”边说边打开204房间。主仆二人进房后，田伙计对小二说：“这间还不错。”就在他俩说话的同时胡掌柜走到窗前，漫不经心地状似无意地顺手拿起花瓶中的鸡毛掸子，转过身来对小二说：“看看隔壁的那间。”小二又把隔壁房间打开。二人进了房间，胡掌柜问小二：“这样的有几间?”小二说：“就这两间啦。”胡掌柜说：“像这样的你能给腾出五间吗?”小二说：“朝阳都住满了，要不您二位再到别处去看看。”胡掌柜想了想说：“那好吧。”顺手把鸡毛掸子放在隔壁房间的桌上。二人大摇大摆地下楼并走出旅馆。刚出旅馆的门没走几步，一辆吉普车伴着刺耳的刹车声停在旅馆的门前，从车上跳下几个人和门前那几个形迹可疑的人一起冲进了旅馆。这时是10点整。两人对视了一眼，长长地出了口气，向来时的路上走去。这次虽然没有与上级派来的同志接上头，但他们机智勇敢应对了突发情况，采取了有效措施，保护接头同志全身而退，粉碎了敌人的罪恶阴谋。

在延安干训班的日子里

1942年，经西安党组织介绍，马林等五人来到延安。由于情报发生错误，他们一行五人被当作敌特嫌疑关押起来。在被关押的三个多月时间里，他们始终坚信党是不会冤枉他们的。一天，中央组织部来了三位同志找他们谈话，其中一位同志说，组织上听信了不正确的情报，把你们抓了，经过几个月的调查，证明你们是清白的，没有任何问题。你们的表现都很好，以前的工作组织上也是充分认可的。你们谈完话后就去招待所搞搞个人卫生，等待重新分配工作。

一天晚饭后获得自由的几个人出来散步，迎面走来几个人，两人走在前面，其中一个人身材魁梧，走近一看他们都愣住了。那个右手夹烟，讲着一口湖南话的人和蔼地问道："你们是哪个单位的？"其中一位同志回答说："我们是刚从保卫处放出来的，还没有分配工作。"那个抽烟讲湖南话的人沉重地说："你们受委屈了，今后还是要好好工作。"原来和他们说话的就是毛泽东主席，跟在他身边的是周恩来副主席。

至此马林把全部精力都投入工作中。由于工作表现突出，组织上选派他到陕甘宁边区保安处干部训练班学习。1943年4月2日，马林到干部训练班报到。这个班共有学员310人，设了两个中队，分别是一中队和二中队，中队下设两个小队。马林被推荐为一中队队长。这个训练班直属中央保卫处领导，学习地点就在中央机关的北面。中央成立这个学习班的目的，是培养一批政治素质较高和具有一定文化水平、既能打仗又能做政治工作的干部，毕业后派往各地支援地方武装和做思想政治工作。课程的内容主要是政治、军事和文化课；星期三和星期六下午自习，星期日休息。开课后学员们的学习热情非常高，利用课外时间写作业、整理笔记，星期日也不休息。开课一个多月后，一个星期天的下午，周恩来副主席从干部训练班门前路过，看教室的门开着，便走进去看望大家。他看了看课程表，发现学员们除了学习以外没有其他的课外活动。周恩来副主席就到保卫处对他们说："我去过训练班了，看到学员都在认真学习，这样很好。就是没有体育活动，长期这样可不行。我建议每周增加两节体育课，多组织一些体育活动。"保卫处的同志表示一定按周副主席的建议办。果然，第二天上课前，保卫处的同志来宣布说："从这个星期开始，星期三和星期五下午 4 点以后上体育课，所有学员必须参加。"还以小队为单位成立了篮球队，没有参加篮球队的，由中队长负责上体育课。当时体育课的内容很单调，就是单杠、双杠、跑步和自由活动，其主要目的就是为了提高学员们的身体素质。马林参加了二中队一小队的篮球队。

自从有了体育课后，训练班经常组织学员进行比赛。一天，二中队的两个小队正在篮球场训练时，毛泽东主席、周恩来副主席、朱德总司令和中央其他几位首长来到了篮球场。一到篮球场，朱德总司令就说："中央机关篮球队，你们还不知道有这个队吧？是我刚刚组建的。要和你们打一场比赛，我是队长兼总裁判，恩来是记分员。"然后，朱总司令指着马林他们的二中队一小队篮球队员说："现在你们队跟机关队打，机关队不许赖。”同时对裁判员说:“你要公平。”然后朱总司令宣布:“比赛开始。”上场的队员都是中央机关的领导，毛主席也上场了。他们是久经沙场的老将，叱咤风云的人物，在球场上也不含糊，你争我夺毫不示弱，就是犯规动作频频，裁判员也不吹哨。朱总司令看得很开心。一场球赛就这样在欢快的氛围中结束了。比赛结果是机关队以很少的分数获胜。毛主席一边擦汗一边高兴地说:“这场球赛我们赢了，但是不能算数。”朱总司令说:“怎么不算数，你们赢了，我当队长的高兴。”然后半开玩笑地指着裁判员说:“你失职了，很不公平。”从那以后，中央首长也经常参加干训班的体育活动。有时训练班组织比赛，中央首长也来观看。

通过培训班两年多时间的学习实践，延安精神在马林心中深深扎下了根，对他今后从事革命工作，迎接新的考验，完成新的任务都产生了非常重要的作用。

南下接受新的任务

1949 年 7 月中旬，大军南下。马林和妻子刘毅奉命随大军南下前往上海。当时上海刚刚解放，需要一部分武装力量增援第三野战军，进驻上海保护工厂和维护社会治安。

7 月的上海,天气闷热潮湿。组织上考虑到马林以前在铁路上工作过，懂技术，有经验，就派他带领小分队一行二十人进驻上海铁路局闸口机务段。马林担任军事协理员兼段长。妻子刘毅协助小分队开展妇女工作。他们的主要任务是确保工人的人身安全，有序恢复生产，防止阶级敌人搞破坏。

小分队进驻后遇到了很多困难，一是语言上的困难，上海的普通话还能听懂一些，上海话干脆一句也听不懂，这样就很难和工人群众打成一片。加上特务分子的反动宣传和威胁恐吓，使得一些不明真相的工人群众不敢接近小分队。二是对该段人员、设备不摸底，特别是对担任重要行车岗位的机车乘务人员以及生产布局和流程也是不甚了解。三是敌特分子不停地破坏捣乱，经常向小分队的办公室和宿舍打黑枪。一天晚饭后，炊事班的老潘头在厨房收拾餐具时，特务向他打黑枪。枪声惊动了武装值班的小分队和护厂队。在办公室工作的马林听到枪声迅速拔出手枪也跑了出来。大家看到一个黑影慌张地向北跑去。马林一边安排人员照顾伤员，一边带着小分队追了上去。这时特务分子逃到北墙下，企图翻墙逃跑，被一名小分队队员开枪击毙。在这种复杂的情况下，马林召开了进驻后的第一次党小组会议。他说："现在工厂还没有恢复生产，敌人又向我们打黑枪，要想尽快解决这些问题，我们必须依靠工人群众，把工人迅速组织起来。"会议决定：召开一次由工会代表、护厂队代表和工人代表参加的会议，先把工会的各项机构建立起来；对生活确实困难的职工，工会要拿出一些办法来解决他们的具体问题，充分发挥工会组织的作用；同时护厂队改为工人武装纠察大队，增加人员武器，成立 4 个组，24 小时在厂区内巡逻，严防阶级敌人搞破坏；在搞好职工生活和确保安全的前提下，尽快地恢复生产。同时成立几个专业组尽快摸清人员、设备底数建账立卡，加强管理。会后各项工作都在紧张而有序地进行着。

工作刚刚进入恢复阶段，有了一些起色，忽然有一天调度来找马林说："司机们都说机车有毛病派不出去。"马林对调度说："走，过去看看。"当他们来到车库时，几个司机迎了上来，马林问："哪台机车有毛病了？"一个司机说："都有毛病。"马林就近登上了一台机车，熟练地把机车开了出去，又开了回来。马林对大家说："这台机车没问题。还有哪辆机车有毛病？”司机们都不说话。马林对调度说：“派班出乘。”司机们一看这个当兵的是内行，不好哄，也就只好出乘了。

处理完这件事没过几天，又发生了一件事。这天上午工人刚领到工资，就放下手里的工作都去买粮，几乎造成全厂停工。马林知道这个消息后，立即派人通知工会的同志赶往厂门口。到了厂门口，他没有让工人出厂门，想先了解一些情况。这时工人代表和纠察队的代表也赶到了。工人说：“你不知道，如我们上午不去买粮，下午就涨价了，同样的钱上午能买 10 斤米，下午只能买 8 斤了，到了明天 7 斤也买不到。”马林对大家说：“现在解放了，不是以前资本家说了算，是人民当家作主。你们要相信共产党，相信解放军，相信解放了的新上海，今天的价和明天的一样，请你们放心，不会涨价的。”就在这时人群中有一个人说：“你们当兵的不用买粮，我们一家人还等米下锅呐。”同时还煽动性地问道，“大家说对不对？”人群中有不少人附和。马林当机立断，说：“各车间、各工队统计一下，家里确实没有粮食的，各部门安排分批去买，绝对不能造成工厂停产。同时工会组织要多想办法帮助确有困难的职工，确保大家不断炊不缺粮。”在场的工人们的情绪被安抚下来，纷纷回到自己工作岗位上。第二天，工人们惊喜地发现粮食果然没有涨价。马林同志用他的领导艺术和专业能力，化解了重重困难，赢得了工人们的信任和支持，使铁路运输得以快速恢复。

经过战火洗礼的马林，无论在革命战争年代还是在铁路建设发展时期，始终都永葆共产党人革命本色，自觉践行延安精神。1960 年，他被国务院任命为呼和浩特铁路局局长，来到条件艰苦又成立不久的边疆局，他不畏艰难，勇挑重担，带领全局干部职工，苦干实干、不断革新，首创了全国铁路安全正点“四百一无”（四百：即旅客列车出发、运行，货运列车出发、运行，四项正点率 100%；一无：无事故）的先进经验，还带领呼和局在社会主义劳动竞赛中连续七个月夺得全路第一。

在那激情燃烧的岁月里，马林同志出色的领导才能和精湛的专业水平，得到上级组织和广大干部职工群众的充分认可。虽然马林同志已离世五十多年，但人们不会忘记呼铁局的历史上曾有过这样一位身经百战、德才兼备、一心为民的好局长。

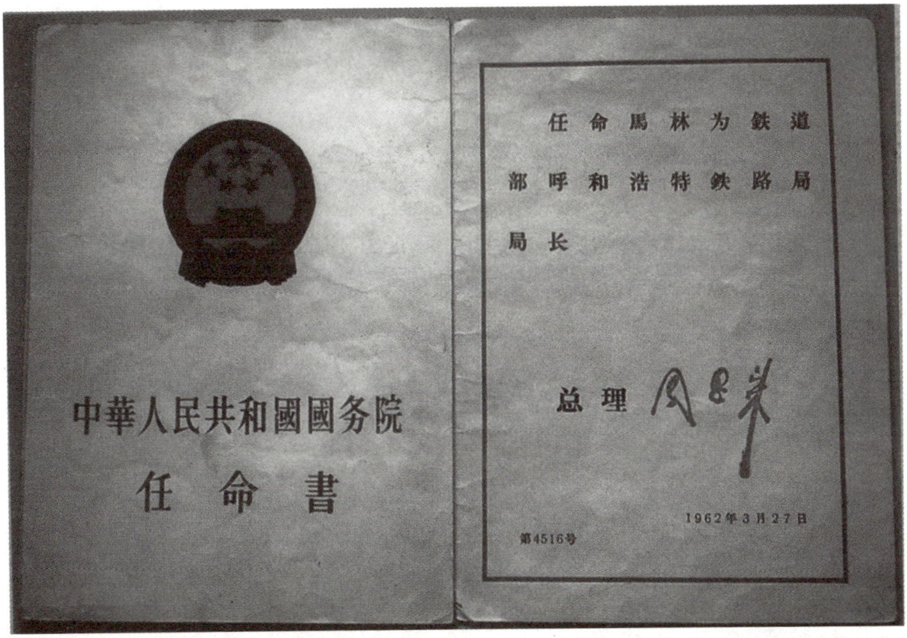

⑪ 马林家人保存的由周恩来签署的任命书

董建芳：机智勇敢的地下交通员

董建芳，1926年2月出生在河北省清苑县（今保定市清苑区）罗家营村一个贫穷的家庭。1982年离休，曾任呼和浩特局包头分局包头东地区夜校校长。

七七事变后，全国掀起了抗日救亡的热潮。那时八路军经常到各村宣传共产党的政策和抗日主张，在村里推行减租减息和土地改革，许多像董家这样贫苦的人家有了地种，地主也不敢作威作福了。共产党的所作所为得到了乡亲们的拥护，许多老乡秘密加入了共产党，自愿做了“堡垒户”。董建芳的父亲从心里拥护和支持共产党，经常对董建芳说：“只有共产党才真心为贫苦人办事情，给穷人谋出路。”村里成立抗日小学，父亲就把董建芳送去学习文化和接受抗日教育，希望他将来能像共产党人一样做事。期间，小建芳如饥似渴地学习知识，耳闻目睹了日本鬼子的残暴后，更坚定了抗日的决心。于是年幼的他加入了儿童团，随慰问队、宣传队到街头，到村里，到老百姓家中宣传八路军的政策，鼓励大家积极抗日，同时瓦解日、伪军的洗脑教育。遇有紧急任务，他还为地下党站岗、放哨、侦察敌情。这些事情董建芳学得快，跑得勤，办事机灵可靠，后来被选为区儿童团团长。

1942 年，根据县抗联会的安排，在党员丁锡山老师的组织下，董建芳和其他两名同学商住山、史庭会牵头组织了 30 多名进步青年学生，成立了秘密地下学生会，带领着地下学生会和儿童团为敌后抗战出力，在反恶霸、反剥削斗争中也发挥了积极的作用。

冀中“大扫荡”时，革命根据地频繁遭受日本鬼子的“扫荡”，党的地下组织受到了极大破坏。村里人也抓去不少，有的被杀害了，有的没顶住就什么都招了，儿童团长董建芳也被供了出来。得知情况后，当时做地下工作的大哥把董建芳悄悄转移到远方的亲戚家躲了起来，逃过了鬼子的抓捕。一天夜里，大哥悄悄前来告诉董建芳，区委要恢复各村的情报线，有一个重要的任务要交给他。然后教董建芳如何动员和保护好村里的堡垒户，如何和县里区里的通迅员联络，怎样和敌人做地下斗争,还要董建芳准备几个藏身的地堡,必要时躲避搜捕。在大哥的引领下，小小的董建芳成了党的秘密通迅员，为党传递情报、藏身、指路以及除奸提供帮助。17 岁时，董建芳已经是县情报站的老通迅员了，经历了很多危险，全靠冷静和机智化解危机。

1944 年夏天，上级需要董建芳去西王力村送一份重要的情报。为了情报的安全，董建芳化装成一名走亲戚的少年，并把鞋底打开，将情报缝了进去。没想到这个小心的举措却救了他的命。鬼子从叛徒口中获得了县地下情报线的信息，趁夜包围了这个村子。清晨赶来的董建芳刚到村口，就被七八个敌人围住，一名鬼子上来一枪托重重地把董建芳砸倒在地，造成的伤疤至今还在。幸运的是搜遍全身也没有发现缝在鞋底下的情报。赶巧过来一个姨家的表亲对伪军说：“这孩子是老李家的亲戚，是个好孩子。”这样才被敌人放进村子。一躲开敌人的视线，董建芳就急忙到厕所取出情报吞到了肚里，又由村里的表舅悄悄领着从村南头绕路而出。他人刚走，和他接头的联络人就被捕了。还有一次，区小队决定拔掉村里鬼子的岗楼，命令董建芳先行打探敌情。董建芳为了执行任务，冒险混到岗楼里给鬼子当了十来天的勤务员，把敌人的枪支弹药、人员情况、内部结构摸得清清楚楚，并把消息交给了八路军，为端掉炮楼、消灭敌人提供了重要情报。在执行任务中，面对敌人的盘查和殴打，董建芳机智敏捷，沉着应对，没有表露出一丝一毫的慌乱畏惧，巧妙地骗过了敌人，体现了一个地下工作者应有的胆量和素质。

1945 年初的一个深夜，董建芳家中迎来了一个神秘的人物，他是县抗联会青年委员刘健同志。刘健一进屋立即遮挡了窗户，转身严肃地对董建芳说："经过组织的考察，你具备了入党的条件，现在告诉我你怕不怕死，愿意为共产主义奋斗终身吗？"董建芳坚定地回答："只要能抗日，能让贫苦的老百姓过上好日子，我什么都愿意，死也没什么好怕的。"就这样 19 岁的董建芳在自己简陋的家中，面对烛光照射的党旗，进行了庄严的入党宣誓。在这个随时都要经受生死考验的特殊时期，董建芳没有再经过预备期的考察，直接成了一名光荣的共产党员。

日本帝国主义正在走向日暮穷途，抗战的形势越来越好。根据党的需要，董建芳先后被调到县抗联会、冀中七分区报社、冀中导报等单位从事刻写、排字、发行等工作。8 月 15 日，日本宣布无条件投降，董建芳的敌后情报工作也结束了。董建芳是个幸运儿，在血与火的搏斗中幸存下来了。解放以后，董建芳从河北日报社调到铁道部公安局，铁三局公安处，呼铁局小学、中学等单位工作，先后干过办事员、干事、股长、科长、校长、书记等职务，直至 1981 年，从包铁分局包东业校校长岗位上离休。

贾春荣：战火中成长的民兵队长

贾春荣于1929年1月出生在山西省寿阳县的一个普通农民家庭，1937年日军侵占山西，已经懂事了的贾春荣目睹自己家乡被日本侵略者野蛮侵占，看到乡亲被疯狂迫害，从小就种下了抗日的种子。

1942年2月，贾春荣加入了县里的区民兵队，那段时间，他每天在村口为村民和偶尔在村里进行休整的八路军站岗、放哨，年仅13岁、身高只有1.6米的贾春荣，有时还要担任村与村之间的通迅员。他年纪虽小，身手却很灵活，没多久就担任了这支民兵队的小队长。在同日寇、汉奸斗争中，他机智勇敢，让敌人吃了不少苦头。

这一年的一个夏夜，一支八路军队伍正在村里休整。贾春荣如往常一样在村口的大树下站岗放哨，忽然远处的狗叫声让他心生警觉。贾春荣赶忙爬到树上向远处瞭望，一支日军小队此刻正向村里悄悄包围过来！虽然敌人在夜色中刻意掩藏行踪，机敏的贾春荣还是从漆黑的夜幕中及时发现了他们。这时再想赶回村通知八路军撤离已经来不及了！急中生智的贾春荣当下决定，由自己引开这支队伍，为八路军队伍撤离争取时间。为了让日本鬼子能中他的调虎离山计，也为了八路军尽快知道

⑪ 民兵在训练

这里的情况及时撤离，贾春荣朝着村子的另一头一路狂奔，一边跑，一边向日军方向投掷了两颗手榴弹。手榴弹的爆炸声打破了夜晚的沉寂，敌人连忙循着贾春荣扔手榴弹的方向快速追来，边追边开枪，顿时枪声、爆炸声响成一片。而此刻村里的八路军也得到消息，队伍迅速从另一头撤离。这招调虎离山计成功地帮助了八路军撤离，也让贾春荣被日本兵围追堵截了三天两夜，其间有好几次差一点就无法脱身。最终贾春荣还是凭借他的机智勇敢和对周边地理环境的熟悉，摆脱了日本鬼子的围捕。

1943 年，贾春荣担任了民兵队长，这年秋天他们民兵队接受了一项新的任务——破坏日军在寿阳至太原间运输物资的铁路线路。他带领战友们白天侦查，夜晚行动，拆毁线路，挖空路基，使日本鬼子疲于应付，大大迟滞了日寇进攻太原的步伐。由于损失惨重，日本鬼子大肆抓捕附近老百姓，企图找出参与破路的抗日民兵。因叛徒出卖，贾春荣等 5 名同志被日本宪兵队抓捕。回忆被捕的日子，贾春荣说：“没白天没黑夜的拷问，皮鞭木棍打在身上、骨头上，钻心的疼痛让我几次昏死过去。尽管神智一度陷入昏迷，但不管敌人问什么，就一个回答：我是放羊的，什么都不知道！”就这样被关押拷打了两个月，当日本鬼子发现从他口中什么也问不出来后，只剩一口气的贾春荣被他们扔了回来。一同被抓的 5 人中，有 3 名同志在狱中牺牲。

贾春荣于 1945 年加入了晋冀鲁豫军区，任卫生部通讯员。在一次执行送情报任务时，贾春荣不巧被一支日军小队发现。在躲避日军的追捕中，一名素不相识的小战士得知贾春荣有重要任务在身时，主动掩护贾春荣撤离。日本兵被引开，贾春荣的任务也得以顺利完成，但那个小战士却献出了年轻的生命。贾春荣在回忆时动情地说道："战场上，像这样没名没姓牺牲的战士太多、太多了，大家就为了一个信仰冲锋陷阵，前面的战士倒下了，后面的战士又冲了上去。"

1946 年是贾春荣人生当中最重要的一年，在这一年，他光荣地加入了中国共产党，实现了自己多年的愿望。此后共产党员的身份一直激励着贾春荣，他对敌斗争更加勇敢，各项工作也都走在前面。

之后的几年里，贾春荣先是参加了著名的淮海战役，之后又挺进大别山剿匪。1950 年，由于曾经遭受过日本鬼子的严重摧残，贾春荣的身体每况愈下，他被迫离开了战场，离开了一同出生入死的战友们。在部队特批下，贾春荣转业到了太原铁路公安段。1952 年，因工作关系，贾春荣又被调到齐齐哈尔公安处工作。1958 年，响应国家支援边疆建设的号召，贾春荣举家来到了内蒙古包头。他在包头西车辆段工作，把根深深地扎在了内蒙古大草原，把在斗争中养成的好品格和在部队培养的好传统、好作风带到了工作岗位中，继续发光发热。

马学兰：历经战火洗礼的检察官

1927年，马学兰出生在河北省固安县马庄镇一个贫苦的农民家庭。1940年7月，年仅13岁的马学兰，在长辈和乡亲们的影响感召下，怀着对日本侵略者的无比仇恨，毅然参加了冀中地区抗战的八路军，先后在晋察冀军区十分区政治部除奸科、军法处当勤务员。炮火连天、硝烟弥漫的战斗岁月中，马学兰经历了一次又一次生与死的考验。

1942年5月，日军调集重兵对冀中根据地进行了残酷的“扫荡”，企图一举消灭共产党领导的冀中抗日武装。7月7日晚，马学兰所在部队借着夜幕掩护，机智地通过敌人的几道封锁线，于第二天凌晨五点左右进驻河北定县（今定州市）大韩村。不到1小时，哨兵跑来报告，有一大队日本鬼子正向村里开来，大家立即进入战斗状态。敌人凭借着优势兵力，向八路军所在的大韩村发起了一轮又一轮的进攻。八路军战士靠英勇顽强的精神，用简陋的武器打退了敌人多次冲锋。惨烈的战斗进行了一整天，八路军消灭了100多个日本鬼子。深夜，部队再次利用夜幕作掩护，趁敌不备，悄悄地钻进了青纱帐，胜利突围。

第二天拂晓，八路军来到一个叫大方庄的村子，进村后马上生火做饭。就在准备开饭的时候，被派出去的侦察员紧急回来报告，村南方向有一大股日本鬼子向村里扑过来。军情就是命令，战士们顾不得饥饿和疲劳，立即占据有利地形，迎击敌人。村南有条东西向的河，叫定兴河，河宽七八十米，这时敌人在河对岸先是火炮密集轰炸，然后大部队趟着河压了上来。战士们没有畏惧，冒着炮火凭借村子里的土墙、房屋和居高临下的有利地势，阻击敌人的进攻。战斗非常激烈，我军两挺重机枪都打坏了。定兴河里漂着许多敌人的尸体。中午时分，马学兰正趴在一截土墙后向敌人射击，一颗炮弹在他附近爆炸。他被炮弹爆炸的气浪震晕了。在爆炸瞬间，马学兰隐约觉得一个东西重重地压在了身上，醒来后才知道是团通讯参谋在那一刻扑到了他的身上，用身体保护了他，而这位战友自己却负了伤。

⑪ 大生产运动中纺线的军民

敌人发动一轮又一轮的进攻，在八路军的顽强阻击下，始终没能攻入村子。无奈的敌人只好停止进攻，隔着河向村子里疯狂炮击。村子瞬间变成一片火海，战士们分散隐蔽以减少伤亡。深夜，部队分四路突围，最后在灵溪镇集结待命。这次战斗、马学兰所在的部队以较小的伤亡代价，消灭了100多名鬼子，并成功突围。白天战斗，晚上突围已成为这支部队战胜敌人、保存自己的有效战法之一。

就在这一年的秋天，马学兰所在部队被日、伪军重兵包围。经过激烈的战斗，部队化整为零，借着夜幕分三路突围。马学兰突围出来后发现自己与部队失去了联系。在寻找部队过程中，马学兰一天一夜没有吃任何东西，又累又饿，难以支撑疲乏的身体。这时正是收获的季节，途中数次经过老百姓菜地和果园，有的果树还结满了果实，只要一伸手就可以解决问题。但是他想八路军是人民的子弟兵，不拿群众一针一线是八路军的纪律，就是再难也不能做给咱军队抹黑的事。于是他忍受饥饿和疲劳的折磨，继续一步一晃地赶路。终于来到一户农舍前，他上前敲开了门。一位60多岁的老大爷把他让到屋里，马学兰请求老乡给口饭吃，此时早已过了吃饭时间，老乡家也没有剩下的饭菜。他看到窗台上有一碗南瓜粥，就恳求老乡把这碗南瓜粥给他喝。老乡看到那碗被苍蝇叮了又叮馊了的粥，于心不忍，要张罗着给他做饭，但马学兰急着追赶队伍，不能耽搁太久，就谢绝了老乡的好意，端起那碗粥喝了下去，道了声谢，追赶部队去了。

1943年，马学兰来到向往已久的革命圣地延安，在中国人民抗日军事政治大学四大队通讯排当了一名通讯员。在这里他参加了轰轰烈烈的大生产运动。

⑪ 大生产运动中，抗日军民自己耕种庄稼

这一年，日本侵略军对各抗日根据地进行疯狂的进攻和“扫荡”。而国民党顽固派消极抗日、积极反共，派重兵对陕甘宁边区实行军事包围和经济封锁，给陕甘边区军民基本生活造成了极大的困难。为了粉碎敌人的经济封锁，为了生存和发展，党中央提出了“发展经济，保障供给”的方针，号召边区军民自力更生，克服困难，开展大生产运动。留守部队、机关、高校等积极响应。马学兰所在抗大通讯排的战士一边站岗放哨，参加军事训练，一边自己买棉花纺成线，再织成棉布，制成衣袜。在部队换装时，马学兰和战士们穿着自己制成的衣袜，心里美滋滋、很是开心。他们还租了老乡 8 亩地，种上了土豆、栗子和谷子。浇水、施肥、除草，像呵护小孩一样进行田间管理。功夫不负有心人，辛勤的劳动，换来了秋收后的丰硕果实。通过开展大生产运动，抗日军民的生活明显改善，边区有了一定的物资储备，为坚持持久抗战、夺取革命胜利提供了必要的物质基础。

1949 年 4 月，马学兰转业到地方，先后在张家口公安分处、归绥公安段包头派出所、集宁北站派出所、集宁检察分院等单位工作。1980 年到全国铁路运输检察院呼和浩特分院任法纪监督科科长，直到 1985 年离休。

马学兰同志在战火纷飞的年代，为了中国人民的解放事业，经历了血与火、生与死的考验，解放后在多个岗位工作并担任一定的领导职务，继续为党和人民辛勤工作。如今马学兰同志安享着幸福的晚年，把战斗的故事讲给后来人听。

王炳昌：南征北战写春秋

1927 年 11 月，王炳昌出生在河北省曲阳县西羊平村。1945 年初，18 岁的王炳昌与村里几个年轻人一起，毅然参加了共产党领导的队伍，从此开始了他南征北战的革命生涯。

抗战时期，行军打仗异常艰苦，王炳昌与战士们一起吃草叶窝头、睡烂席破毡，一连几天吃不上饭是常事。为防止日、伪军突袭包围，战士们经常睡觉都不脱衣服，有时一晚要被迫转移好几个地方。一次，饿了一天一夜的王炳昌和战士们从日、伪军据点缴获了一些白面，打算吃顿面条。香喷喷的面条刚下锅，鬼子来了，为保存实力，他们只好饿着肚子急忙撤退。

1945 年 8 月，随着战争形势的逆转，日军在华北开始收缩兵力，纷纷躲进大城市并且抢占交通要道。晋察冀军区抓住敌人调整防务的有利时机，组织军民对已陷入解放区包围中的日、伪军，展开全面大反攻。在收复张家口战役中，王炳昌所在的部队接到了攻克北门的战斗任务。

北门地势平缓，易守难攻。但王炳昌和战友们都抱着一个共同的心思：舍命，也要完成任务。由于敌人炮火狂轰滥炸，战士们只能伏在战壕里，那震耳欲聋的炮火，惊天动地，飞沙走石。炮火过后，有的战士已经牺牲，有的战士被炮弹震得耳鼻流血，衣服都被烧得一片一片的，军装都已变成了黑色。战士们的头上、耳朵里都灌满了泥土，脸都是黑乎乎的，谁也看不清谁，只有说话时才能辨别出是哪个人。当敌人的炮火减弱，战士们立即爬起来，一批一批向北门冲锋。背后，两个排的士兵用机关枪作掩护，不停地向敌人扫射，战场上一片焦灼。战火持续了两天两夜，最终张家口得以解放。

在作战中，王炳昌的左腿被敌人的机枪扫了一个洞，队长给他找了一个老乡家，让他住下治疗，但王炳昌坚决要跟随大部队继续打仗。就这样，他跟着队伍东奔西走，照样蹚水过河，翻山越岭，一不坐担架、二不要人搀扶，自己的行装自己背，每天抹点红汞、碘酒，一个半月后竟然奇迹般地痊愈了。

解放战争打响后，王炳昌相继参加了太原战役、淮海战役等。

1948 年深秋，王炳昌所在部队在晋中军区部队的配合下，开始向太原的外围据点大窑头发起进攻。

进入阵地后，王炳昌和战友们根本顾不上休息，立即投入了紧张的战斗。首先是抢修工事，因为几天来敌军连续炮击、轰炸，阵地几乎全被摧毁了。他们趁黑跑到沟里去找木头，没有锯子，就和当地老百姓借铡刀砍树，而后把树木运到阵地。大窑头附近，几乎找不到大块的石头，所以阵地的工事只能用树木和土块垒砌起来，将木头用铁丝紧紧绑在一起，再用泥土盖上，泥土上再用草皮覆盖，筑起来就是约两米深、一米宽的战壕。直到天快亮时，大家才把工事筑好。

在战壕里，大家对着党旗、军旗宣誓，誓与阵地共存亡。拂晓，发起进攻，大窑头很快就笼罩在浓烈的战火硝烟中……

经过一天的激烈战斗，王炳昌他们终于拿下大窑头。与此同时，大小北尖、孟家井等太原外围的几个据点也相继被攻克。

随后，攻打太原的战斗正式拉开帷幕。这场战斗异常艰难，敌军倚仗城墙意图拼一死战，如果要攻入城内必须打开大门。但兵力悬殊，强攻损耗太大。王炳昌与战友们组成一支十几人的战斗小组，在与敌人巧妙周旋之后，借助夜幕的掩护，翻入城边的护城河。他们多半个夜晚都潜伏在水里，打算趁敌人松懈，来个突然袭击。然而，狡猾的敌人也发现了王炳昌他们的用意。正当王炳昌与战友从护城河中爬出，准备靠近城门时，“砰砰砰”，敌人展开了疯狂的火力攻击。“你们撤，我掩护！”眼看身边的战友一个一个倒下，王炳昌急忙指挥战士们撤退。大家相继跳入护城河内，才成功躲过了敌人的子弹。

后来，在大部队到来后，王炳昌和战友们四人抬一架梯子在枪林弹雨中强攻。战友们一个个前赴后继地冲上去，一个倒下了，另一个接着替上去。硝烟中弥漫的是浓厚的血腥味道，是呛人的火药气息。凭借着这种殊死搏斗的精神，最终解放了太原。

王炳昌回想起他的人生经历，很自豪，也很知足。他自豪的是，他1945年参军入伍，1949年加入中国共产党，参加过抗日战争、解放战争、抗美援朝战争，历任战士、班长、副排长等职务；为抗击日寇，为新中国的诞生，为保家卫国，为建设新中国贡献了自己的青春、热血和力量。他知足的是，他1956年从部队转业来到集宁铁路换装处工作了八年，之后，听从组织的安排，调入赛汗塔拉工务段从事线路工，直至1983年退休。想起那些牺牲的战友，他觉得自己一直是在幸福之中，很知足。

张清俊：半生戎马　一生丹心

张清俊于1926年2月出生在鲁西北一个农民家庭，1942年参加革命，1943年7月入党，1997年11月病逝。在他55年的革命生涯中，无论是在为民族独立和解放的战争中，还是在新中国铁路建设和发展的历程中，都留下了他英勇奋斗的足迹。虽然他已离世二十多年，但是他曾荣膺的“独立自由”“解放”“华北解放”“抗美援朝”等奖章，以及“老八路”“张大尉”“老校长”的称誉，见证着他光辉的一生。

张清俊生长在一个抗日救国模范之家，早在1938年，他父亲张子平就邀集一些志同道合的乡人买枪置刀，拉起队伍，毁家纾难，开始了护土安邦、保境抚民的行动。1942年初，这支队伍并入八路军冀鲁边区第二军分区龙书金司令员领导的部队，张子平任县抗联大队长，协同八路军一起打击日、伪军。

在父亲的教育和影响下，刚满16岁的张清俊于1942年春天义无反顾地参加八路军，战斗在抗日前线。他的二弟张清昌、三弟张清贵也都在十六七岁时参军入伍，在解放战争中拼杀疆场，他的母亲和媳妇也积极投身于织布做衣支援前线的工作中，合家性命全系在救亡求存、建立

⑪ 激战中的八路军

新中国的宏大志愿上。为表彰这个家庭，时任辽东军区司令员的萧华亲自将“抗日救国模范之家”的牌匾颁授给他们。

张清俊参加八路军的那年，正是抗日战争的相持阶段，日寇对抗日军民实行惨无人道的“烧光、杀光、抢光”的“三光”政策。当时敌强我弱，日寇气焰十分嚣张，八路军以游击战术顽强战斗。张清俊不怕牺牲，冲锋陷阵，参加了大小战斗二十多场，端掉鬼子的炮楼，拆除鬼子的铁路，炸毁鬼子的铁甲车，割断鬼子的通信电杆，和鬼子伪军拼杀格斗，英勇顽强。在历次战斗中舍生忘死，多次在枪林弹雨中捡回生命，身体上留有多处伤疤，为中国革命事业奉献了青春热血。

日寇铁蹄践踏中华大地，津浦铁路线上的日军铁甲车、运输车猖獗横行。日军的作战物资陆续不断运往前线，所用的火车是军用的车头，加上铁甲在前，车头还配备了警戒小分队，军用物资在其后。若不破坏运输线，致命的枪炮将对准的是前线的战士们，只有在半路截住日军，才能降低前线的伤亡。此外，在铁甲车的护卫下，日寇还通过铁路运输疯狂掠夺枣庄的煤炭，将煤炭源源不断地运回日本。抗日军民看在眼里，恨在心头，在党的领导下，在津浦铁路线上多次袭击炸毁鬼子的铁甲车。

1943 年秋天，张清俊所在的八路军第一一五师决定展开一次炸毁鬼子铁甲车的行动。通过侦察和内线情报，八路军获悉了鬼子铁甲车出没的时间、车上人员和装备情况，在统一指挥、周密部署下，苏鲁支队、铁道游击队等抗日武装集中兵力协同配合，联手打了一场漂亮的伏击战。经过三个多小时的战斗，炸毁日军军列，铁甲车趴窝，拆除枣庄到临城铁轨 1.5 公里，砍断电线杆百余根，使枣庄日军的通讯、交通同时瘫痪，给日寇以沉重的打击。张清俊晚年时常常与当时负责提供情报的铁路司机、后曾任包头工务段段长的周化慈一起回忆起参加这场战斗的经历，聊这次战斗的时间、地点、兵力投入、战斗的规模结局等话题，仿佛又回到硝烟弥漫的战场……

1944 年秋天的一个晚上，张清俊所在部队经过几天的反复侦察，决定端掉一个鬼子的岗楼。时任排长的张清俊率领战士们，摸清鬼子、伪军巡逻换岗的时间、位置及岗楼探照灯开熄规律后，选在一个漆黑的夜晚，摸到岗楼附近，当时鬼子的哨兵刚刚立岗，还在伸腰舒臂时，张清俊举起步枪，瞄准鬼子，啪啪两枪，灯灭人亡，被击毙的鬼子咣当一声栽了下来。在一片黑暗中，张清俊率领战士们一跃而起，奋勇拼杀，不到一个时辰就消灭了岗楼的敌人，带着缴获的枪支弹药胜利返回驻地。

张清俊在多年的战斗中几次负伤。第一次受伤是在和鬼子的遭遇战中，双方弹尽粮绝、胜负难决时，只得亮出刺刀拼个你死我活。张清俊和战友们三人一组，鼎足成形，相互照应，各自为战，他在拼倒两个鬼子后，突然被一个鬼子一刀刺中左肩，瞬间鲜血渗出军衣。他咬紧牙关，在战友的协助下，也不知哪儿来的力气，左突右进，马步弓腿，一记势大力沉的挺刺，将那个鬼子狠狠地刺死在地上。此时战场极为惨烈，在这生死关头，援兵及时赶到，八路军赢得了这场战斗的胜利。解放战争中，张清俊所在的部队还参加了孟良崮战役和济南战役。在一次战斗中，他冲锋在前，右腿不幸被流弹击中，不得不退出战斗。张清俊身上留下的刀枪伤，到现在每逢阴雨天都会隐隐作痛。

战斗中的流血牺牲是常事，意外的伤亡也在所难免。张清俊对一件事一直记忆犹新。1944 年秋季的一天，连续几日的倾盆大雨，把行进的路淹没，根本分不清哪儿是路哪儿是坑。在这次急行军中，排里的两名小战士不慎坠入深井再也没出来。作为排长的张清俊感到十分痛惜和自责。他认为是自己没带好队伍，直到晚年，每逢瓢泼大雨，老人必定站在窗前，望着大雨，惆怅不已，黯然神伤。

1952 年 9 月，张清俊参加了第二届中国人民赴朝慰问志愿军活动，1955 年，被授予大尉军衔。1957 年，张清俊转业加入铁路建设事业中，先后担任包头铁道学院（今包头铁道技术学院）系党支部书记、政治处副主任、副校长等职，为铁路职业教育发展奉献二十八载。1985 年离休后，他继续发光发热，致力于关心下一代工作，继续在社会这个大讲堂宣讲红色故事。

张锁臣：冲锋陷阵排头兵

1925 年，张锁臣出生在河北容城一个贫农家庭。童年，他跟随父亲在田间地头干农活，打小就锻炼出吃苦耐劳、坚忍顽强的意志品质。

1941 年 4 月，日军对华北地区开始第二次“治安强化运动”。6 月，日军对平、津、保三角地带进行疯狂“扫荡”，在容城境内和临界，先后制造了一系列惨案。目睹侵华日军的暴行，16 岁的张锁臣抱定抗日打鬼子的决心。他拿起土枪，当上了民兵，在冀中地委和容城县委的领导下，配合八路军主力开展了顽强的反“扫荡”斗争。他们为主力部队站岗放哨、传递情报，积极开辟“堡垒户”“堡垒村”，参加“挑帘战”“地道战”“地雷战”等，打击了日寇的嚣张气焰，保护了村民的生命安全。

由于对敌斗争坚决，表现出色，1945 年初，张锁臣光荣地加入了八路军，之后在河北省容城县南阳区小队、容城县县大队、容城独立营和冀中十分区 75 团参加战斗。在一次与日军的肉搏战中，张锁臣不幸被敌人刺刀刺中面部，造成鼻后腔血管破裂，因失血过多昏迷。不离不弃的战友们用手推车推着他，辗转迂回了 15 天，他才苏醒过来。在鬼门关走了一遭的张锁臣，更坚定了抗战到底的决心。一次攻打日伪据点时，身为班长的他冲锋在前。战友们把梯子架上炮楼时，张锁臣第一个登上炮楼，用手榴弹消灭了负隅顽抗的日、伪军。由于冲锋在前，张锁臣多处负伤。经过他和战友们的殊死搏斗，战斗取得了胜利。

1945 年 8 月 15 日，日本宣布无条件投降，中国人民赢得了抗日战争的胜利。也许只有亲身经历了那段苦难，才能体会到走向胜利的喜悦。日本投降以后，国民党妄图以武力抢夺抗战胜利果实，先后抢占了北平、天津、保定等城市。1945 年 10 月，张锁臣所在的冀中十分区 75 团在容城军民配合下，全歼国民党容城保安大队，解放了容城。张锁臣由于作战勇敢，表现突出，这年 12 月，光荣地加入了中国共产党。他在日记本中这样写道：生是党的人，死是党的魂。1947 年 5 月，张锁臣被任命为 75 团 3 营 1 排排长。

1948 年 11 月，平津战役正式打响，张锁臣参加了解放天津的战斗。国民党军队倚仗着美式飞机大炮一轮又一轮向我军阵地发起进攻。解放军部队靠顽强的意志和视死如归的精神，对敌人发起一次又一次进攻。在这次战斗中，张锁臣不幸被国民党飞机投掷的炸弹炸伤，但他未曾退缩一步，坚持轻伤不下火线。经过数天的鏖战，国民党天津的守敌全部被歼灭，天津得以解放。

⑪ 英勇的解放军战士攻上城墙

1949 年 2 月，为了尽快接

收天津铁路管理局伪警务处的领导指挥权，张锁臣所在的75团集体转业到天津铁路公安段执行接管任务，开启了“为红色政权站岗放哨，打击敌人”的光荣历程。不久，接管后的天津铁路公安段接受了一项重要任务。中国妇女首次全国代表大会在北京召开，张锁臣带领公安警察奉命保卫乘坐火车的代表。他们在护送南京开往天津的火车途中，遇到国民党敌机的轰炸射击，张锁臣指挥公安警察在火车上架起了三挺机枪，向敌机猛烈射击。敌机占不着便宜，只好仓皇逃跑。出席会议的代表们安然无恙地顺利到达目的地。

20世纪50年代初，绥远地区刚刚解放，国民党残余部队、土匪马帮活动十分猖獗，所到之处粮食、牲口一抢而空，铁路沿线车站票房也成为被袭击的目标。为了维护铁路治安，保障人民群众生命财产安全，1950年，天津铁路公安处抽调张锁臣和他所在排，前往绥远省匪患多发地协助地方政府围剿土匪。经过三个月的浴血奋战，张锁臣带领部队消灭和抓捕了大部分土匪，并缴获大批枪支弹药，地方治安状况得到明显好转。剿匪部队撤离时，张锁臣接到任命，留在了归绥公安段。

在担任归绥公安段治安股长期间，张锁臣接到群众举报，发现隐匿逃亡的国民党绥远省党部委员、国民党归绥铁路党部书记郝世宽的踪迹。为了彻底铲除国民党敌特分子在大陆的反动阴谋活动和影响，他多方获取线索，带领两名民警，辗转山西临汾、侯马、长治等地调查、蹲守，一举将其抓获，沉重打击了归绥铁路地区国民党残余势力的破坏活动。

1971年，受组织任命，张锁臣调任赛汉机务段任党委书记。1973年1月1日，集宁铁路公安分处成立，张锁臣被任命为处长、并被选为呼和浩特铁路局集宁分局常委。

马贯英：战斗在没有硝烟的战场

马贯英是回族人，1904年10月出生于辽宁省营口市郊区。他从沈阳、锦州等地铁路技术专业学校毕业后一直在东北铁路站段工作。1945年底调到山海关任车站调度主任。因受他姐夫共产党员梁赞文的影响，接受革命进步思想很快，后经梁赞文同志介绍正式加入中国共产党，在极其严峻险恶的对敌斗争中做了大量工作，为党的事业和民族解放事业作出了积极贡献。

日本投降后，山海关于1945年8月30日被八路军冀热辽部队解放并接管。10月25日国民党军队向山海关发动总攻。人民解放军组织开展了山海关保卫战，掩护大批共产党员和其他兄弟部队奔赴东北。经过22天的激战，解放军主动撤军向东北战略转移，山海关被国民党军队占领。

山海关是联通关内外的咽喉要道，铁路更是测量军事物资和作战人员运输情况的晴雨表。在山海关车站设立情报站点，对我军打好辽沈战役和平津战役极其重要。晋察冀边区政府社会部公安处责成天津铁路情报站的梁赞文在山海关铁路内部设立情报点。梁赞文的公开身份是天津铁路局财务处的科长，联络代号“080”。因山海关车站隶属于天津铁路局，他利用出差的机会，多次到山海关车站察访。发展马贯英为山海关车站地下情报员，代号“081”。为了及时传递情报，梁赞文在秦皇岛地下工作人员马子良家安装了一部电话和一部电台，马贯英可以把情报及时通过电话传给马子良。

山海关汇通货栈有个店主哈宗尧，在古城名声远扬，是一位亲友都愿意接近的老人。货栈就成了各种社会信息汇集点。马贯英与哈老来往密切，关系甚笃。他经常从哈老的言谈话语中搜集并获得一些有价值的情报。马贯英还利用工作职务关系，主动接近车站国民党区分部书记，目的是了解掌握他的日常活动情况，从蛛丝马迹中分析收集敌人军事运

⑪ 解放军破路队破坏铁路，阻止国民党军队的军事行动

输情报，始终没有引起对方的怀疑。马贯英平时说话办事严肃谨慎，不与无关人员联系、交友，为搜集情报起到了掩护作用。由于处处小心谨慎，每次送情报也未露出破绽。他将自己收集到的情报进行甄别、筛选，如有紧急情报送往秦皇岛马子良处，用电台直接与上级联系；如是一般的情报，就利用公出送往天津梁赞文处，有时梁赞文同志也来山海关取，或者通过其他形式传递。他多次搜集国民党军运，部队番号、去向及动态情报，还曾绘制山海关驻军分布情况，机关、水塔及武器设备位置等略图，都及时传递到我方手中。为了配合破路队夜间破路，他利用公出的机会亲自把情报送到秦皇岛情报站，破路队根据这些情报频频出击，使敌巡逻铁甲车经常遭到伏击，军运专列也常常遭到堵截。国民党调来增援东北的部队，乘车刚出发不久就发现线路遭到严重破坏，停留在原地动弹不得，无法继续前行。

除此之外，马贯英还利用职务之便，积压国民党军运物资。当时44岁的马贯英精力充沛，工作勤奋，作风顽强，又有着丰富的铁路运输经验和过硬的铁路运输指挥技能，得到了国民党军运输处官员的信任。有人戏称他为调度司令。铁路部门担任领导的，很多是他的老同学、老同事，以及亲朋好友，对他也是非常的信任。基于这种情况，他多次接受情报站的指示："要巧妙迟缓军运及物资运输去东北。"他都能圆满完成任务，受到上级多次表扬。

1948年初，有十多辆车皮，装有钢材、水泥等军用物资要运往锦州。马贯英假装误送入待避线上，不编挂在混合列车上，使军运耽误了5天，影响了锦州修工事。还有类似这样的事件多起。有一次，用敞车装有水泥的列车停靠在编组场，他得知列车顶篷布上积了很多的雨水，通常办法是用工具把水掏出来以避免货物被水浸湿受损。他利用安全检查的机会，爬上车顶部，机智地用刀将积水处的篷布捅破，雨水全部渗进车里的水泥上。他用这样的方式先后破坏了 5 辆车的篷布，使大部分水泥硬化无法使用。他消极怠工、积压军车、暗地破坏阻止铁路军运，一件件看似微不足道的小事，却产生了蝴蝶效应，积少成多，对辽沈战役、解放全东北产生很大影响。

马贯英在国民党军、警、特人员面前，巧妙伪装，躲过了一次又一次猜疑。国民党当局就曾指责“在铁路内部一定有奸细”，当时的山海关车站站长、国民党特别党部特派员张玉林对他也起了疑心，曾多次搜查他的家和车站住宿等地，监视他的言行及与亲朋好友的往来，都因他小心谨慎而查无实据，只能按失职处理。

1948 年 11 月，山海关解放后，上级党组织调任马贯英担任古冶、天津、丰台等站站长。1957 年后，马贯英任包头铁路临时管理处处长、呼和浩特铁路局运输处处长、安监室主任等职。1974 年 7 月 9 日马贯英病故，享年 70 岁。

赵山仁：永葆革命军人的本色

1928年出生在江苏的赵山仁，小学就参加了革命，先是在区小队炊事班，后来到区小队，县大队，再后来正式参加了八路军。在随后的战斗岁月里，他跟随着革命队伍南征北战，冲锋在前，英勇杀敌。曾经随华东野战军参加了淮海战役，受了伤仍然坚持战斗。在渡江战役中，他作为渡江“老虎团”第一梯队强渡长江天险，随大部队一起攻克南京。在参加上海战役取得胜利后，赵山仁随部队进驻上海，夜晚露宿街头，亲历和见证了人民解放军秋毫无犯的光荣传统。

1950年朝鲜战争爆发后，赵山仁随所在部队主力转赴朝鲜战场参加了抗美援朝，又一次经历了血与火、生与死的战争考验。赵山仁在朝鲜作战期间参加了著名的上甘岭战役。他回忆道，在坚守上甘岭的日日夜夜里惨烈、悲壮，展现了我志愿军视死如归的大无畏精神。当时敌人在高地的山顶上，赵山仁和战友们在半山腰的坑道里。敌人站在山顶上往坑道里不断地扔手榴弹，用火焰喷射器往坑道里喷火，飞机也拉低高度向坑道口扫射。赵山仁他们在坑道内被火熏得都喘不上气来，空气稀薄到了极点甚至连火柴都划不着。面对残酷的环境，志愿军战士们没有被压垮。他们寻找战机，以战斗小组为单位与敌较量。一次赵山仁他们小组前出坑道百余米，发现一名美国兵正在哨位上四处张望，赵山仁抬手

⑾ 志愿军坑道作战

就是一枪，那个美国兵连人带枪从山上轱辘下来，他们迅速从尸体上解下枪弹迅速撤回了坑道。还有一次在坚守阵地的惨烈的战斗中，敌人的炮火异常猛烈，附近爆炸的一颗炮弹弹片击中了赵山仁的腰部，所幸的是他身后背的战锹挡住了弹片。看着战锹上被弹片击出的凹坑，战友们说：“要不是这把战锹你就‘光荣’了。”战争进入最后阶段，在一次战役即将结束时，赵山仁所在的排受命负责清理战场。他和排长在搜索过程中发现附近的一个山洞有情况！经过进一步侦查，他们发现洞里躲藏着一群美国兵！经过商量，他俩迅速占据有利地形，厉声高喊：“缴枪不杀！”这些美国兵望着黑洞洞的枪口和两颗手榴弹，乖乖地举起双手当了俘虏。

抗美援朝结束后，赵山仁随大部队一起回到祖国，经过一段休整后被派到天津军官预备队学习。当时正处在社会主义建设高潮时期，各行各业急需一批经历过战争考验且年轻的同志充实到建设队伍中来。赵山仁被太原铁路局负责调派的一名干部选中，参加了铁路建设工作。后来由于工作需要，赵山仁从太原调到呼和浩特机务段，1960 年 7 月提升为火车司机，不久又担任司机长，先后在胜利 6 型、人民型、解放型 3 个型号的多台蒸汽机车上担任旅客列车的牵引任务，驾驶着列车日夜奔驰在包头、呼和浩特、集宁、大同之间。他始终保持革命军人本色，把部队的优良传统带到了工作岗位上，坚韧不拔，不怕困难，紧盯安全关键，多次避免了事故的发生。在阿吉拉机务段（今包西机务段）工作时，他们担当的乘务机车在整备时被另一辆超速机车撞了一下，向前溜去而且速度越来越快，眼看一场事故不可避免。紧急时刻，在不远处的赵山仁以最快的速度追上机车，果断采取措施把机车停住。

离休后，这位参加过淮海战役、渡江战役、抗美援朝战争，历经炮火洗礼的老战士，依旧保持老革命的奋斗精神，经常对青少年进行革命传统教育，传播红色故事。

高铭新：绥远和平解放中的铁路力量

1949年初，党中央、毛泽东针对北平和平解放后的绥远形势，创造性地提出以“绥远方式”解决绥远问题的战略方针。历经8个多月的艰苦努力，9月19日，以董其武将军为首的绥远军政及地方各族各界代表人士39人，在包头签署了起义通电，绥远和平解放。绥远的和平解放，对当时全国尚未解放的地区起到了独特的示范作用，对于缩短全国解放进程产生了积极影响。

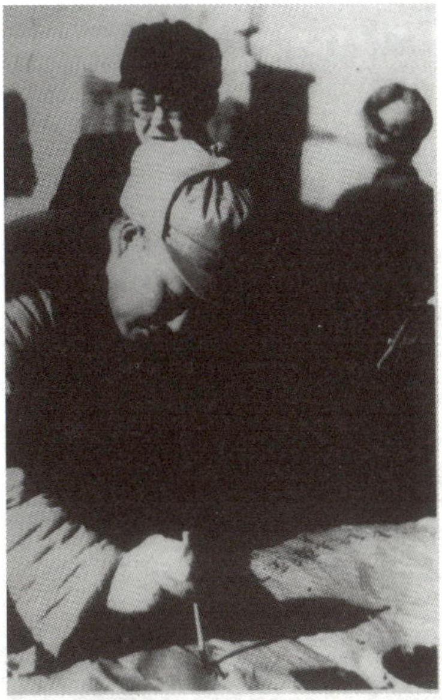

⑪ 董其武在1949年9月19日绥远和平起义通电上签字

起义前夕，解放战争已取得决定性胜利。华北整个战场国民党军节节败退，国民党残部沿平绥铁路集结于绥包一带。包头集聚了不少国民党军统特务，企图破坏正在酝酿的和平起义，斗争形势复杂而艰巨。同时，更多热爱和平、反对内战的爱国人士不畏强暴，不怕迫害，冒着生命危险，为绥远的和平解放作出了他们积极的努力，时任包头站站长的高铭新就是其中一人。

八月下旬的一天，时任包头市市长的康保安来到包头车站，找到站长高铭新。原来康保安正往返奔波于北平归绥之间，为绥包和平解放做准备工作。现在需要铁路支援，做好保密和安全工作。

当时包头反动势力猖狂，特务四处闹事、鹰犬遍布全城。高铭新站长当即慨然允诺，表示愿为绥远和平解放贡献微薄之力。当即利用其办公室电信方便之条件，毅然为康保安筹办了临时办公室和联络点。康保安也将文件包交高铭新保管。高站长认为，全站职工在日寇占领期间备受折磨，饱尝亡国之苦。抗战胜利后国民党为了争夺胜利果实，不惜损名毁誉，制造事端挑起内战。战火蔓延之处，抢粮抓丁，民不聊生。铁路职工追求和平，反对战争。由此想来站内应该不会出现问题。

⑪ 1949 年 12 月，党政军机关进驻归绥

高铭新把这一情况告知副站长杨德章，嘱其保守秘密，协助共同完成此任务。杨德章从此密切注意站内职工及上下车旅客的情况，发现异常情况及时汇报并商量对策，保证管辖内稳定，不出现意外。至此高铭新带领铁路职工开始秘密地做着和平解放的准备工作。

在推进绥远和平解放的关键时刻，傅作义由北平乘火车到达归绥，向驻地国民党军官宣传毛泽东希望用和平方式解放绥包地区的主张，并晓以形势，明以大义，疏导思想，勉以起义。这时候，包头的各反动派系组织威逼利诱，策动哗变，对和平解放形成了很大的阻力，同时也对傅作义人身安全构成威胁。为了确保傅作义的安全，时任绥远省主席的董其武特地从绥西后套调来了补训团负责傅作义的警卫工作。该团连夜急行军到包头，站长高铭新立即调拨车辆编组成列，迅速将该团运达傅作义所在的美岱召车站，保证了傅作义在美岱召的安全，为和平解放贡献了铁路力量。

九月上旬，高铭新还代收了由北平秘密渠道送来的一部高频率电台，并将电台亲自交到傅作义将军办事处的一名副官手中。傅将军就是通过这部电台及时向北平汇报绥包和平解放的情况，并接受北平的指示。傅作义从包头车站离开时，站长高铭新又组织全站铁路职工实施了最为严格的保卫措施。

在傅作义的大力斡旋下，使绥远避免了战祸，实现了和平解放。绥远和平解放背后，高铭新带领铁路职工贡献的铁路力量，值得记载；他们的红色故事，也应一代代讲下去。

王士鑫：为绥远和平解放献身

⑪ 王士鑫

绥远和平解放使绥远各族人民得到了解放，使归绥这座塞外文化名城完好回到人民手中，最大程度地减少了战争破坏，为经济文化的恢复和建设创造了有利条件。这一伟大事件是党中央、毛泽东的战略决策，也是千千万万人在各个环节千方百计推动的结果。平地泉铁路管理处的王士鑫就是其中一位。他为绥远和平解放事业，艰苦奋斗、奋不顾身，在一次执行任务中不幸被特务杀害，献出了宝贵的生命。

入党：在艰难岁月中成长

王士鑫1928年出生在北京通县的一个贫困家庭，由于生活困窘，初中还未毕业就被迫辍学。1942年，王士鑫考入张家口铁路学院电信科，学满一年毕业后，被分配到平地泉铁路车站报房工作，靠着微薄的薪水维持生计。虽然生活很困难，但爱学习的王士鑫还是想方设法阅读了不少革命书籍，又受到共产党员艰苦朴素、不怕牺牲精神的影响，他在思想上和行动上不断向党靠近。

1945 年秋，绥东平地泉等地相继解放。王士鑫的政治觉悟高、专业能力强，又有铁路工作经验，被组织安排到平地泉铁路管理处工作。从此以后，他抱着炽热的革命情怀投入恢复铁路交通、调运军火物资、支援解放战争的紧张工作中，逐渐成长为一名出色的铁路青年积极分子。1946 年，凭着优异的表现，王士鑫光荣地加入中国共产党，这让他革命的热情更加高涨，工作的干劲也更加高昂。

然而，就在全国人民为难得的和平而欢欣鼓舞、热火朝天开展生产运动时，1946 年 6 月 26 日，国民党反动派悍然撕毁“双十协定”和《停战协定》，集中 25 个旅的兵力，大举围攻中原解放区，掀起了大规模的全面内战。当年八九月，驻扎在归绥、包头一带的国民党军队向绥东解放区猛扑过来，按照党的决策部署，王士鑫奉命随军撤到了晋西北岚县解放区。

这期间，为了提高王士鑫的政治文化水平，组织上安排他在晋绥实验学校职工大队学习。1947 年 1 月，王士鑫加入了晋中战役随军工作团。在前线，王士鑫接受了血与火的考验。战役结束后，组织上派他到晋绥军区军政干部学校接受教育。学习中，他勤奋刻苦，理论水平得到快速提升。

1948 年秋，为配合辽沈战役，人民解放军华北军区组织了第二次察绥战役，解放了绥东南广大地区。遵照党关于开展解放区工作的指示，王士鑫随同一大批军政干部奉命北上回到集宁，起初担任平绥铁路西段管理处秘书工作，不久便升任人事科长。

战斗：为绥远和平解放而牺牲

1949 年 3 月，在党的七届二中全会上，毛泽东在报告中提出“绥远方式”，以期和平解放绥远。党中央从西柏坡迁到北平后，毛泽东、周恩来等中央领导特别关注绥远问题，毛主席半年之内 7 次召见傅作义，鼓励傅作义在北平和平解放后，为人民再立新功，希望和平解决绥远问题，走在湖南、新疆的前面。此后，经过 3 个多月的艰苦谈判和反复协商，1949 年 6 月 8 日，双方在北平签订了《绥远问题协商委员会关于绥远划界、交通、金融、贸易、派遣驻归绥联络机构等具体问题的协议》。

但是，协议的签订只是和平曙光的初现，实施过程异常艰难曲折。刚开始，国民党一些顽固派极尽破坏协议之能事，组织一部分部队武装游行示威，满大街张贴反动标语；国民党特务也伺机而动，猖獗地开展破坏活动，妄图阻止绥远和平解放的进程。党中央审时度势，委派华北人民政府驻归绥联络处主任鲁志浩一行 26 人抵达归绥，千方百计推动协议落实。7 月 17 日，由联络处处长潘纪文率领的第二批工作人员也进驻归绥，作为其中一员的王士鑫负责归绥铁路和平通车工作。他和同事们勇敢地和敌特分子作斗争，义无反顾地走上街头，宣传党的和平主张，宣传绥远协议的主要内容，让老百姓知道：共产党派代表来了，绥远要和平解放了！

国民党特务机关狗急跳墙，向在归绥的特务发出一道道密令：不惜一切代价破坏绥远和平起义，破坏铁路顺利通车。7 月 24 日下午两点，王士鑫和同事王保堂、任光棣、陶骏一行 4 人在归绥旧城执行任务，返程中途经国民党归绥警备司令部门口（今呼和浩特市民族商场附近）时，被几名国民党便衣特务拦住，强行非法搜身。经过一番折腾，特务没有

⑪ 王士鑫烈士被害地址，中山西路“纯一善社”门前马路上

搜出任何有价值的信息，可仍然不肯放行，还想把王士鑫等人胁迫到警备司令部院内。面对咄咄逼人、面目狰狞的敌特分子，王士鑫义正词严地说:“我们是来协助董其武将军执行协议的，难道连走路的自由也没有吗?”特务们蛮不讲理，不仅像疯狗一样乱叫“这地方就是没有你们的自由”，还拳脚相加对王士鑫等人动起了粗。

这时，附近群众纷纷围上来，越聚越多，大伙愤怒的目光像火苗一样炙烤着几个特务。特务们见激起众怒，不敢再下毒手，只好暂时作罢，灰溜溜跑走了。可谁都没有想到，特务们虚晃一招又杀了个回马枪。当王士鑫和同事们走到慈善院附近时，几个特务又恶狗扑食般冲上来，一面喊“站住”，一面甩出两颗手榴弹。王士鑫等人急忙闪避在马路旁边的水沟里，待手榴弹爆炸后，他们迅速从沟里跳出来往前跑。不料，“哒哒哒”的枪声随即响起，王士鑫被子弹打穿腹部，倒在了血泊里。

联络处的同志们闻讯赶来后，特务们已逃之夭夭。大伙急忙把王士鑫送到绥远省立医院。但此时，特务们威胁医院不准进行施救。经过联络处与绥远当局的反复交涉，在6个小时后，大夫才给王士鑫做了手术。但由于失血过多，为时已晚。生命弥留之际，年仅22岁的王士鑫握着潘纪文的手，断断续续地说:“为党的事业，为绥远人民的和平解放，我的死，是光荣的!”

王士鑫被国民党特务杀害的噩耗传出后，广大人民群众义愤填膺，许多民众冒着被迫害的危险，不约而同地前往驻绥联络处吊唁。驻绥联络处也向国民党绥远当局提出严正抗议，省政府主席董其武随即赶到联络处致歉，并严令缉拿凶手。解放区军民以清剿土匪，逐步消灭封建势力，努力生产建设，来悼念为绥远和平解放而牺牲的烈士！与此同时，驻绥联络处把事件经过报告党中央，并委派平绥铁路西段工会干部朱永生赴北京通县慰问烈士家属。7 月 26 日，驻绥联络处将王士鑫的灵柩运回绥东解放区绥远省委、省人民政府所在地丰镇，举行了隆重的追悼会。

肇事凶犯被缉拿归案、就地枪决。

胜利：对英雄最好的告慰

王士鑫牺牲后，国民党绥远省主席董其武立即将这一严重事态报告给了傅作义。当晚，得知事情经过的毛泽东在接见傅作义时明确表示："事情总是有曲折的，革命是不可能没有牺牲的。解放绥远仍用'绥远方式'，我们商谈的既定方针不变。请告诉董主席提高警惕、多加注意。"

此后，经过方方面面大量艰苦的工作，1949 年 9 月 19 日上午，在绥远银行包头分行礼堂，以董其武为首的绥远省军政要员和各族各界代表人士 39 人联名发出绥远起义通电，向全国人民庄严宣布："今天我们正式脱离依靠美帝国主义的蒋介石、李宗仁、阎锡山等反动残余集团，坚决走到人民方面来。绥远和平解放，我们得到新生。"9 月 20 日，毛泽东、朱德给董其武等复电："希望你们团结一致，努力进步，改革旧制度，实行新制度，为建设人民的新绥远而奋斗。"至此，绥远回到人民的怀抱，烈士生前夙愿得以实现。和平通电发表以后，绥远军政委员会成立，负责改造旧政权，改编旧军队，安排起义人员，恢复和发展生产，剿匪肃特等各项工作。之后，经过近两年的艰辛努力，圆满完成了党中央提出的“军队解放军化，地方解放区化”的目标，毛主席提出的“绥远方式”胜利实现，给烈士忠魂送上了最好的告慰。

1984 年 4 月，为了永远纪念和缅怀革命烈士，呼铁局工会组织把王士鑫烈士的遗骨和天津铁路管理局为烈士立的纪念碑迁至丰镇薛刚山上。铁路部门和当地政府每年清明节都举办追悼纪念活动。

张忠业：铁血大动脉的英雄司机

一本有毛泽东主席亲笔签名的全国机务会议纪念册，一枚枚因时代久远已失去光泽的奖章，一篇篇字迹已显模糊的先进事迹介绍……这些是张忠业同志奋斗、贡献与荣誉的记录和见证。虽然原呼铁局包头水电段工会主席张忠业同志已离世四十六年了，但他的子女们一直珍藏着父亲这些弥足珍贵的历史荣耀，把它们作为传家宝一直传承着。翻阅这些尘封已久厚重的文档、奖章、证书，可以看到在那激情燃烧的岁月里，张忠业同志那些催人奋进的故事。

历经战火洗礼，不畏牺牲

1926 年 2 月，张忠业出生于辽宁省清源县（今抚顺市清源满族自治县）一个铁路工人家庭，因此与铁路结下不解之缘。1947 年 10 月张忠业光荣入党，成为齐齐哈尔铁路管理局海拉尔机务段“884 号”典型机车的司机。

张忠业的青春有着老一辈共产党人艰苦奋斗、不怕牺牲的革命精神。

⑪ 各级、各类奖章

乘務員負責的旗幟

典型機車ㄇㄎ—884號

ㄇㄎ-884號機車司機[illegible]等勞動英雄

張忠業同志

典型事蹟

八八四號機車，是齊齊哈爾鐵路管理局海拉爾機務段的配屬機車，由司機張忠業、李仲春、艾希奎負責包乘，他們組成小組後提出了大家共同遵守的作業公約，努力負責檢修與操縱並保證不發生事故，所以能安全行走了十一萬零一百公里，超過東北鐵路總局兩次甲檢期（一次甲檢爲50,000公里），日車公里規定爲374.4公里最高達到748.8公里，平均爲450.9公里，超過了76.5公里，技術速度規定爲36.7公里最高到53.3公里，平均爲39.3公里，牽引定數最高到過1720噸，超過規定A種定數280噸，縮短在外段停留時間，他在執行新行車制度的三個月內提前到站所節省的時間可多出十四個半列車，對於運輸效率之收獲是很大的，他們組內對於給油器和水表水位制定了喚呼制的辦法，結果達到了省油200%之目的和防止了鉛塔燒漏的事故，又爲防止冒進信號的事故也實行呼喚公里制。

⑪ 1949 年 7 月，全国首次铁路职工代表大会上张忠业典型事迹介绍

1946年7月东北铁路总局成立，统一领导齐齐哈尔、绥化、牡丹江3个铁路局。1947年，总局党委响应毛主席、党中央“打倒蒋介石，解放全中国”的号召，开展了一场轰轰烈烈的“死机复活”运动，将破损的火车头重新修复好，支援解放战争。“884号”机车承担着运送解放军部队和军用物资的光荣任务。当时他们喊出的口号是:“解放军打到哪里，铁路修到哪里，‘884号’机车就开到哪里。”在这个激情燃烧的年代,“冒着枪林弹雨也要上前线”，张忠业表现出了不怕流血牺牲、直面风险挑战的英雄气概，这也成为时代赋予他的红色气质。作为共产党员，他积极主动担当困难区段列车驾驶任务，冒着敌人的狂轰滥炸，穿梭在解放战争的铁路运输线上，每一次都能安全圆满完成运输任务，成长为铁血大动脉中的一名战士。

在一次为前线部队运送军用物资中，副司机、司炉先后中弹牺牲，张忠业也负了伤，面对生死考验，他想的是前方将士急需这批物资，关心的是全列军用物资的安全运抵。在极其艰难的处境下，他一人担三责，一次次擦干脸庞上流下的鲜血和汗水，用难以想象的意志力和高超的驾驶技术，冒着生命危险，英勇无畏地驾驶着带“火”的机车，把这列军用物资安全地送到目的地。工友们登上机车背下负伤几近昏厥的他，直接奔往医院抢救。他成为人们崇拜的铁路英雄，英勇事迹被广为传颂。

淬炼精业品格，永当先锋

新中国成立后，铁道部部长滕代远指出:“毛泽东号”“铁牛号”“884号”机车不仅是东北铁路的旗帜，也是全国的旗帜，要在全国推行。

为了安全正点多拉快跑，“884号”率先试行负责制、新行车制、新操作法，使机车质量和运用效率大为提高，为新中国铁路建设事业积累了宝贵的经验。张忠业作为司机长、党小组长，带领全体机车乘务员，屡屡建功立业。摘录当时典型事迹材料记载之一："884 号"机车组成小组后，大家共同遵守作业公约，精心操纵机车并保证不发生事故。仅在 1948 年 3 月—1949 年 4 月的十三个月中，安全行走了十一万零五百公里，超过东北铁路总局两次甲检期（一次甲检为五万公里），日车公里规定为 374.4 公里，最高达到 748.8 公里，平均为 450.9 公里，超过了 76.5 公里；技术速度规定为 36.7 公里，最高到 53.3 公里，平均为 39.3 公里；牵引定数最高到过 1720 吨，超过规定 A 种定数 280 吨，缩短在外段停留时间。他在执行新行车制度的三个月内提前到站所节省的时间可多出十四个半列车，大大提高了运输效率"。

张忠业作为"884 号"机车的司机长，由于工作成效突出，屡屡受奖。1948 年 5 月 1 日，出席海拉尔地区劳模大会，评为地区劳动英雄，记大功一次，奖章一枚；1949 年 4 月 20 日，在齐齐哈尔第一次先进分子大会上，评为先进工作者，记大功一次，奖章一枚；1949 年 5 月 1 日，在哈尔滨召开的东北铁路首届职工代表及劳动英雄模范工作者大会上，获特等劳动英雄称号，记大功一次，光荣奖章一枚；1949 年 7 月 1 日，被齐齐哈尔局授予模范共产党员称号；1950 年 2 月，作为代表参加中国铁路工会第一次全国代表大会；1951 年 7 月参加全路先进命名代表大会……每一枚奖章都代表了一段历史，是奋斗的见证，更是组织的肯定。

铭刻领袖激励，薪火相传

1949 年 7 月，张忠业作为"884 号"机车司机长参加了在北平举行的全国铁路职工临时代表大会、全国铁路机务会议，被评为特等劳动英雄，并入选39人组成的主席团。会上代表“884号”机车做了典型事迹介绍。铁道部部长滕代远在会议闭幕的讲话中，多次提到“毛泽东号”“铁牛号”“884号”机车组的先进事迹，并号召全路职工要以他们为榜样，向他们学习。铁道部副部长吕正操在讲话中指出：我们要树立对工作、对事业高度负责的精神，不怕困难，勇于奉献，在各自的工作岗位上继续努力，不断取得新的成绩。“毛泽东号”“铁牛号”“884号”机车组就是我们铁路职工队伍中的先进代表。张忠业和毛泽东号机车组司机长李永、铁牛号机车组司机长杜先扬一起被授予“劳动英雄”称号，并荣获特制奖章一枚。

最令张忠业永生难忘的激动幸福时刻是7月9日下午，会议结束前夕，张忠业和其他代表被请进中南海怀仁堂，受到了毛泽东、周恩来、

⑪ 1949年7月，毛主席在张忠业的笔记本上签名

朱德等中央领导同志的亲切接见。当毛主席走近张忠业身边时，滕代远部长介绍说：“主席，这是海拉尔机务段25岁的火车司机张忠业。”张忠业激动得眼噙泪水，伸出双手紧紧握住毛主席的手，急中生智从兜里掏出大会刚刚发的全国机务会议纪念册并摘下钢笔，双手恭恭敬敬地递给主席，小声地说：“请主席给我签个字吧！”主席微微点头，慈祥地接过笔和册子，写下“毛泽东”三个苍劲大字。主席签字的消息不胫而走，签过字的小册子在代表中间传看到第二天才回到他手里。“自此之后，我小心翼翼地珍藏着这本册子。不少朋友和同事知道后都来争相传看。珍藏有主席签名的册子是我一生前进的动力，是我们老张家的传家宝……你们一定要好好珍藏传承下去啊！”张忠业在以后的岁月里，时常这样告诫子女们。

这荣誉之光一直伴随着他的人生。张忠业从火车司机历练成为一名优秀的铁路干部，历任海拉尔机务段工会主席，海拉尔铁路分局、沈阳东北地区巡视员和北京铁总工会指导员。1958年12月，他积极响应党的号召，来到条件艰苦的呼铁局，支援大西北铁路建设，先后任阿吉拉车辆段、机务段、包头水电段工会主席。

张忠业是新中国第一代铁路劳模的优秀代表，生动诠释了老一辈铁路人“特别能吃苦、特别能战斗、特别能奉献、特别守纪律”的优秀品格。

张忠业老人为人低调，把自己辉煌的历史和骄人的业绩、来自组织的赞誉和褒奖，深藏于心。拂去历史烟尘，追寻先锋足迹，挖掘宣传张忠业前辈的典型事迹，对生动讲好铁路人听党话、跟党走的奋斗故事，大力传承和发扬好铁路红色基因和优良传统有着重要的意义。

孟昭勤：为毛主席开专列

从 1946 年参加革命工作到 1982 年离休，孟昭勤在铁路系统工作了 36 个春秋，算是一位历尽沧桑的“老铁路”了。可以说，他见证了新中国铁路建设从小到大、从弱到强的发展进程。他认为他这一辈子最值得骄傲和自豪的事，就是他作为一名火车司机在 1949 年驾驶专列送毛主席到苏联访问。

说来话长，1946 年 1 月，19 岁的孟昭勤从老家河北省临城县来到哈尔滨三棵树机务段，参加了革命工作。他先后当过擦车工、司炉、副司机、司机，后来调到齐齐哈尔铁路局白城机务段任司机长、一等司机。当时，正值硝烟弥漫的东北解放战争时期，他所在的机车组全体人员凭着对党、对人民的无限忠诚和过硬熟

⑪ 孟昭勤（中）和工人们在一起

练的业务技术，躲过国民党飞机空袭，多次出色地完成了担当解放四平、锦州、长春、沈阳等战役的军用物资和人员的特运列车牵引任务。

1949 年 3 月，他所在机车组值乘的解放型机车被齐齐哈尔铁路局选派为随东北野战军入山海关进军天津的机车。天津解放后，孟昭勤被留在天津机务段；再后来换成胜利 6 型机车，主要担当领导人专列牵引任务。

1949 年 12 月初，他们特殊运输任务包乘组接到了承担从北京到沈阳的特运命令。像往常一样，他们将机车擦得锃亮，精心对每一个部位、每一个运行的机械零件，进行了一遍又一遍的检查，确保万无一失。

12 月 6 日清晨，由前卫车、主车、后卫车三部分车厢组成的专列静静地停靠在北京西直门火车站，整装待发。孟昭勤是主车本务机车司机。

⑪ 孟昭勤所在包乘组全体合影

8时整，接到开车的指令，他凝神屏息，轻放手把，小开气门，专列平稳启动，徐徐开出北京西直门火车站。当时，由于线路条件差，信号设备简陋，同时还要提防国民党飞机的空袭，因此车速并不快，但很平稳。专列一路前行，透过车窗可以看到从北京到沈阳700多公里的铁道沿线，三步一岗，五步一哨，由全副武装的解放军战士负责警戒，站内道岔都有专人看护防守。一路上,他全神贯注、有条不紊地精心操作……两天后，专列到达沈阳站。当时的孟昭勤和他的伙伴儿们并不知道毛主席在车上，只知道是中央领导同志。

1950年3月初，他们特包组又接受了由沈阳开往北京的特运任务。专列在茶淀站停车时，周恩来总理来到机车旁，微笑着和他们特运包乘组人员一一握手，并亲切地说:“同志们辛苦啦，我代表毛主席看望你们，你们的技术熟练过硬，车开得好，开得稳。感谢你们!”

这时，孟昭勤和他的伙伴儿们才知道这趟专列上乘坐的是开国领袖毛主席！原来他们是为毛主席开车！当时孟昭勤浑身热血沸腾，心情十分兴奋，一时说不出话来，激动得泪水夺眶而出……3月4日，随着一声汽笛长鸣，载着毛主席的专列平稳地停靠到北京西直门车站1站台。毛主席走下专列，同前来迎接他的中央领导同志一一握手，临走时还微笑着向机车上的他们招手致意。

作为一名普通的火车司机有幸能为全国各族人民爱戴的领袖毛主席开专列，这是一件让孟昭勤永生难忘又感到无上光荣的事情!

随着时间的推移，孟昭勤凭着对党和祖国的无限忠诚、坚定的理想信念、娴熟的技术业务，逐步地成长起来，从司机、司机长，到段长、分局长、铁路局副局长，踏踏实实，一步一个脚印地留下光辉的人生轨迹……

百年老站

BAINIAN LAOZHAN

孤山站

孤山站始建于1915年，地处山西省大同市新荣区古店镇孤山乡，隶属中国铁路呼和浩特局集团有限公司集宁车务段。

孤山站老站房，青砖外墙，木格门窗，镂空雕装饰，一直沿用至

⑪ 孤山站老站房

⑪ 孤山站现状

20 世纪 70 年代。为了更好地保护这一老建筑，呼和浩特铁路局分别于 2003 年、2007 年、2012 年先后对老站房进行了修缮。20 世纪 80 年代初，新建成的站房投入使用，继续驻守着呼和浩特局集团有限公司的南大门，与太原局古店站相邻，站间距离 7.107 公里。车站为四等非营业中间站，不办理客货业务。由于地处交界口，车站日常担负的责任重大，为确保列车运行安全，车站上、下行线 385.13 公里处分别设置超限检测装置，为经过的列车适时进行安全监控，在确保图定列车交接顺畅的同时，还保证了客车交接的正点率和临时加开列车的顺畅交接。

堡子湾站

堡子湾站始建于1915年，地处山西省大同市新荣区堡子湾乡，中心里程位于京包线399.19公里处，是中国铁路呼和浩特局集团公司集宁车务段管内的一个三等货运站。据记载，旧站到20世纪70年代还在使用。1982年新的堡子湾车站建成，旧站退出了历史舞台。

⑪ 堡子湾老站牌

⑪ 堡子湾老站

堡子湾老站房坐西朝东，南北长约50

⑪ 堡子湾站现状

米，主体建筑包括围墙基本完好。车站为砖木结构，屋顶两面坡式，墙砖明显大于现代建筑用砖。窗户上檐为砖砌圆拱状，极富历史风貌。车站正门门柱镶有红砖组成的十字形状，颇具西方建筑风格。

车站主体建筑上方正中镶嵌着一块两米多长的汉白玉站牌，一行精美的楷书从右至左刻着“堡子湾车站”5个字，右边竖刻“中华民国四年六月”字样，左手落款题刻“关冕钧书”，下面是“堡子湾”的英文拼写“PUTZEWEN”。根据颇具西方建筑色彩的十字状镶砖门柱和这个英文拼写，文物普查人员推测，车站的设计或有欧洲人参与。

据记载，当年詹天佑修建的京张铁路延伸至当时绥远省时，在阳高县永嘉堡至大同堡子湾经过山西境内。这段铁路于1916年通车，堡子湾车站正是在通车前一年修建的。与中国早期铁路一起诞生的堡子湾车站是京绥铁路最早的火车站之一。

1945年10月，解放军占领堡子湾站至旗下营站。当时线路被毁，铁路工人在平绥铁路西段管理处号召下，不分昼夜整修线路，为西段列车开通创造了条件。

丰镇站

丰镇站始建于1915年，中心里程位于京包线415.09公里处，当时只有三股道和几间矮小的站舍，连一间遮风避雨的候车室都没有。当时采用单路签接发列车，每天接发客货列车不足10对。新中国成立后特别是改革开放以来，先后于1983年、1987年、1988年、2008年经过四次改扩建，目前丰镇站已有站线14股，专用线33条。

改建后的车站候车面积为1100平方米，并建有南北立交桥。每天

⑪ 丰镇老站

⑪ 丰镇站现状

过往客货列车 100 多对，年发送旅客 30 多万人，年计划装车、卸车数均在千车以上。2013 年 5 月，车站等级改为二等站。

丰镇具有光荣的革命斗争史。丰镇站为丰镇这座革命历史古城、晋蒙交界重镇的建设和发展作出了重要贡献。抗日战争时期，丰镇县东川是革命根据地之一。1946 年 1 月，丰镇成立了地区工会，选出了以马致远同志为工会主任的领导机关。从此丰镇地区工会在党的领导下，组织工人开展各项活动，发动工人与反动当局及日寇展开斗争。解放战争初期，绥远省委、军区、晋绥野战军司令部、358 旅总部均设在丰镇。这时铁路工会的活动非常活跃，丰镇站的王士鑫、朱永生等工会积极分子，不仅参加工会组织的各项活动，还与解放军联系，支援解放战争。1946 年 8 月，由于工作需要，王士鑫、朱永生随军转移到山西，加入了解放军，参加了晋南和至关战役。后来随着形势的好转，他们随军返回丰镇，利用熟悉铁路，了解铁路工人的优势，以丰镇站为阵地继续为党工作。

集宁南（平地泉）站

集宁南站旧称平地泉站，中心里程位于京包线 497.33 公里处，位于内蒙古自治区乌兰察布市集宁区，是华北通往北部草原地带的交通枢纽，国际联运干线集二线的起点。1919 年，京绥铁路设“平地泉站”，南北走向的京绥铁路在这里后急转向西。

1948 年 10 月 5 日，解放军解放平地泉站

集宁市是一座英雄的城市，集宁南站也有光荣的革命斗争史。1925年，随着京绥铁路总工会的成立，平地泉（即集宁）总工会分会成立，选出了以郑有贵为分会主席的领导机关。分会在总工会的领导下，组建工人俱乐部，开办工人夜校传播革命道理。在晋绥边区党委的领导下，配合当地革命组织进行抗日斗争。积极为当地驻军和游击队以及根据地提供日寇的军运情报，为抗日游击队采购物资、粮食、药品等。还配合解放军部队作战，破坏铁路线路、桥梁、设备，制造行车事故，阻碍列车运行，在支援抗战、打击日寇的斗争中发挥了重要作用。

解放初期，平地泉车站站房与车站货场东西相对，只相隔几股铁道，条件非常简陋。车站站房设计是中西建筑风格，四周的房檐很长，并用木柱支撑，用以售票和候车。当时客运列车很少，每天只有往返于北京和包头的两趟车。1956 年 1 月 3 日集宁至二连铁路正式开通，北京—乌

⑪ 集宁南站现状

兰巴托—莫斯科铁路国际联运正式运营，集宁南站成为内地通往北疆草原的门户。

20世纪80年代后，随着人们生活水平的提高，集宁南站客流量逐年增大。经过多次站改、翻新，集宁南站发生了翻天覆地的变化。2013年11月18日，集宁南站有史以来最大规模的站改施工竣工。设售票窗口11个，自助售（取）票机8台，日均接发旅客列车43对，增加候车面积至2652平方米；新建天桥一座，改建一、二、三站台设防雨棚，增设6部自动扶梯、3部直梯；硬化站前广场地面，扩建贵宾室、售票室。线路改造更加科学合理，随着京包客专、唐呼等线路投入运营后，改变了客货混杂、旅客列车到发线紧张的状况，有效缓解了集宁南站的枢纽压力。

马盖图站

马盖图站始建于1921年，坐落于内蒙古自治区乌兰察布市卓资县马盖图乡，隶属中国铁路呼和浩特局集团有限公司集宁车务段。

马盖图老站房迄今已有一百多年的历史。老站房为砖木结构，坐北朝南；历经岁月洗礼，目前老建筑外观及廊柱仍保持基本完好。这座老站房先后经历了电气路签牌闭塞、臂板闭塞、半自动闭塞、自动闭塞4种行车方式的变迁，见证了京绥铁路百年的发展历程，目睹了几代铁路人开疆辟土、艰苦奋斗的历史。1985年站改，在老站房东侧新建了新站房，老站房退出了历史舞台，前后共使用了62年。2011年被卓资县政

马盖图老站房

马盖图老站站名

府列为不可移动文物。为了更好地保护这一建筑遗存，呼和浩特铁路局分别于 2003 年、2007 年、2012 年先后分三次对老站房进行修缮。目前，经过百年雨霜雪侵的老站房依然如当初建造时恢宏，只是又增添了一层岁月的印记。老站房作为京绥铁路沿线现存较少且保存较完整的四等小站，见证了中国铁路从弱小到壮大的发展历程。

2009 年 7 月马盖图站房再次经过大型站改，成为了电气化铁路沿线的一个四等会让站。

马盖图站现状

卓资山站

卓资山站始建于1921年，中心里程位于京包线562.65公里处，是集团公司集宁车务段管内的一个三等客货运站，坐落于内蒙古自治区乌兰察布市卓资县卓资山镇中心。

建站之初，这个站仅有线路三股半，有效线路总延长不足1000米，每天通过客货列车不足十对。仅能容纳20多人的候车室经常是空荡荡。当时接发列车采用的是单路签闭塞，夜晚接发列车用油灯提示，站务员沿车呼喊：“卓资山到了！”开车以手摇铜铃为通知旅客的信号。

⑪ 卓资山老站

卓资山站在历史上有着光荣的革命传统。抗日战争时期，曾为八路军运送和护理伤员，传递情报。

⑪ 卓资山站现状

1945 年 10 月 25 日，贺龙率晋绥野战军激战卓资山。车站的职工在工会的组织下，热情为野战军服务，送水、送饭，运送弹药护理伤员。此役全歼国民党部队新编 26 师 8 个团，击毙敌少将副师长及以下官兵 1874 人，首次解放了卓资山。

新中国成立后，特别是改革开放以来，卓资山站发生了翻天覆地的变化。宽大明亮的候车大厅拔地而起，现在卓资山站有线路 10 条，其中到发线、货运线、牵出线有效总延长达 6788 米。1987 年 10 月，紧挨着老站房的新站房建成后，老站房停止使用。为了更好地保护这一建筑物，2003 年、2007 年、2012 年分别对老站房进行修缮，老站房成为“卓资山站铁路史教育中心”。从此，这座历史悠久的老站房又肩负起展示京包铁路和卓资山发展史的新使命。

旗下营站

1921 年，京绥铁路通到旗下营，1923 年，旗下营站开始正式运营。当时的车站设备简陋而落后，使用单路签闭塞。候车室、货运室低矮而窄小，年货运量不过几千吨，客运量不过几千人。就是这个仅有四股道的小站，见证了地区的解放和铁路的发展。

1945 年，日寇进行垂死前的疯狂挣扎。铁路工人在工会组织的领导

⑪ 解放军攻克旗下营站

⑪ 旗下营站现状

下，积极响应中国共产党“战胜日本侵略者”的号召，公开和日寇进行斗争。8 月初，旗下营站的铁路职工为大青山抗日游击队提供了日寇军车出行的情报。大青山游击队接到情报后，迅速集结在旗下营站周围，并向日军发起猛烈进攻。日本鬼子还没回过神儿，就死伤一片。在日寇增援部队到来之前，游击队在铁路工人的帮助下，撤到安全地带。

1948 年，旗下营解放，车站回到了人民的怀抱。从此，旗下营车站发生了翻天覆地的变化，低矮的旧站房换成了宽敞明亮的二层楼房，行车指挥实现了电气自动化，站线长度达到 1000 多米，有效货位 90 多个，万吨大列畅通无阻，这个站跨入了全路优秀中间站行列。

陶卜齐站

陶卜齐站始建于1921年，迄今已有一百多年的历史，隶属中国铁路呼和浩特局集团有限公司集宁车务段。老站房为砖木结构，坐北朝南，东西长24米，南北宽13米，窗户上檐为砖砌圆拱状。由于早年间陶卜齐站客货运量较小，当时接发列车采用的是单路闭塞，手扳扬旗，通过铁线牵动，臂板落下，车过放旗。夜晚铁路工作人员接发列车以油灯显示，旅客列车到站，站务员沿车呼喊“陶卜齐到了”；开车以手摇铜铃

⑪ 陶卜齐老站房

⑪ 陶卜齐新站房

为通知旅客的信号。夜幕降临，陶卜齐站区一片漆黑，运转值班员也只能在一盏马灯下指挥着列车的运行。这里遭受过日本侵略者铁蹄的践踏，也忍受过国民党政府的反动统治。抗日战争时期，绥中游击队在当地群众配合下，占领陶卜齐站，并由此攻向归绥。

新中国成立后，国家对遭受战争破坏的京包铁路进行了大规模的修复和重建，曾经满目凄凉、破败不堪的小站焕发出新的生机。20 世纪 80 年代初，老站房退出了历史舞台，前后共使用了 63 年。为了更好地保护这一建筑遗存，呼和浩特铁路局分别于 2003 年、2007 年、2015 年前后对老站房进行了修缮。80 年代以来，陶卜齐站经过多次大规模的改扩建，形成横列式一级二场中间站的格局，行车指挥实现了电气自动化，主要办理接发列车，列车会让、待避等行车业务。2012 年 12 月 3 日 Ⅱ 场四条客线建设完成并投入使用，车站成为京包客线与唐包货线间车流置换站，实现了货物列车与旅客列车分线运行，提高了运输效率及旅客列车运行安全正点率。

白塔站

历经沧桑的百年老站——白塔火车站旧址位于呼和浩特市赛罕区巴彦街道黑土凹村。1921 年 5 月 1 日，京绥铁路建成通车，白塔站随即投入使用，距北京站 620.9 公里。白塔站因距离建于辽代的万部华严经塔（俗称白塔）较近，故得名白塔站。

白塔火车站旧址包括站房、信号房、碉堡、职工宿舍、站长住房及厨房和当时的公用厕所等，是呼和浩特地区保存最好、最完整的民国时期火车站。老站房作为铁路的附属建筑物，具有历史、技术、社会、建筑等价值。白塔站对归绥地区城市发展发挥了重要作用。它见证了归绥近代铁路工业发展，是当地标志性建筑。2012 年 5 月，白塔火车站遗址被呼和浩特市人民政府列为第三批市级重点文物保护单位。

⑪ 白塔老站站名

⑪ 白塔老站

2014 年 9 月 24 日，白塔火车站旧址被内蒙古自治区人民政府列为第五批内蒙古自治区重点文物保护单位。2019 年 10 月 7 日，白塔火车站旧址被中华人民共和国国务院列为第八批全国重点文物保护单位。

白塔老站的站房上嵌有当时京绥铁路管理局局长于 1921 年 8 月题写的匾额“白塔车站 PAITA”：下面的“白塔车站”，系中文；上面的 PAITA，系“威妥玛式拼音”*。

白塔站作为京绥铁路的中间站——归绥的东大门，是进入归绥城的交通要塞，具有一定的战略地位。京绥铁路通车后，白塔站就一直备受人们关注。白塔站与其他京绥铁路的铁路工人同呼吸共命运，在历次的

* 威妥玛式拼音：用拉丁字母来拼写汉语的一种拼法形式，由英威妥玛设计，用于其 1867 年编的汉语课本《语言自迩集》，因此被称“威妥玛式”。过去曾用以拼写中国人名、地名等。

⑪ 白塔站现状

工人运动中始终站在一起，同仇敌忾。

抗日战争时期，日本侵略者侵占白塔站后，为加强和巩固他们的统治地位，修筑碉堡，改造站场、站舍（局部），剥削、凌辱铁路工人。白塔站的铁路工人生活在水深火热之中。尽管如此，他们在十分困难的情况下，仍采取多种方式和途径帮助八路军、抗日游击队穿越平绥铁路，运输物资，护送人员，传递情报，支持抗战，为铁路沿线晋绥、大青山抗日根据地的巩固和发展作出了积极贡献。抗战初期，大青山游击队领导人杨植霖和游击队员在白塔附近被敌人打散后，趁着黄昏摸进白塔站，机智勇敢地脱离了险情。抗战胜利后不久，1945 年 10 月，绥远战役打响，白塔站的铁路工人同其他平绥铁路工人一道，为保卫胜利果实，积极支援前线作战。

1949 年 3 月初，解放绥包段的前锋部队逼近归绥郊区白塔火车站，震慑了国民党反动军队，为和平解放绥远创造了条件，奠定了基础。在和平解放绥远的斗争中，白塔站铁路工人与归绥站铁路工人一道在共产党铁路工作组领导下，同国民党特务及反动顽固分子做坚决的斗争，最终使白塔站完整无损地回到人民的怀抱。

新中国成立后，白塔火车站一直承担着繁重的运输任务。直到1977年，由于京包铁路局部改线，白塔火车站改为呼和浩特铁路局教育基地。同时在白塔老火车站几百米外，一座新的白塔站已经拔地而起，配有正线2条，到发线4条，调车线4条，货运线1条，专用线12条，是京包铁路上重要的二等中间站。一直以来白塔站承担着国家储备库、自治区粮食储备库以及部队军需物资的运输组织工作，责任重大。但是白塔站干部职工以“永铸百年老站铁路精魂”的企业理念为依托，坚持标准化作业，服务部队与地方企业，为地方经济腾飞保驾护航。

呼和浩特（归绥）站

1921 年 5 月 1 日，京绥铁路全线通车，归绥站（今呼和浩特站）随之建成。当时车站候车室仅是一座高 4.4 米的平房，只有 30 个座位，容纳旅客的能力很小。站前高低不平的空地上，晴空尘土飞扬，雨天满是泥浆，几棵老树上筑满鸦巢。

⑪ 归绥站

归绥站在解放前有着不朽的工人运动斗争史。1922年，共产党员何孟雄领导京绥铁路工人运动，归绥站的铁路工人积极响应，参加罢工。1926年夏，北方区委派路作霖到归绥站，与京绥总工会绥远分会一同领导工人运动，整顿建立工人俱乐部、办夜校，使工人接受马列主义教育，并组织了地区产业工会，由徐泊濮负责，杨江汉和王贵担任归绥站的代表，领导工运。1927年3月28日，由绥远省党、团、工会和本地农民协会5000多人发动的“孤魂滩事件”中，归绥站的铁路工人纠察队和突击队为取得斗争胜利发挥了重要的作用。同年11月，绥远省特别支部成立，书记王建功；12月，归绥铁路工人支部成立，杨汉江任书记，王贵、晓宏为委员，进一步加强了共产党对归绥地区铁路工人运动的领导。1932年，绥远省在共产党的领导下，组成绥远省反帝大同盟，归绥铁路工人积极响应，在车站一带贴标语、散发传单，进行抗日宣传。1936年，日军进犯绥东，傅作义将军率部抗战，归绥站工人提出“不开支、不吃饭，也要保证前线需要”的口号；铁路工厂为军队制作了各种军事机械。1938年，八路军开辟大青山抗日根据地，归绥站工人衷心拥护支持。1939年3月，绥远省委、土默特工委相继成立后，与铁路共产党员及工人密切联系，建立了以火车站、扶轮小学（铁路职工子弟学校）等为主要接头处的联络点。绥远省委城工部的同志在铁路工人的掩护下，以铁路工人的身份，打入敌人内部秘密活动。归绥的铁路工人帮助地下党组织搜集日军运送兵员、军火、物资的情报，经常掩护党的领导干部来往于平绥铁路线上，为大青山革命根据地的发展作出了积极贡献。

抗战胜利后，1945年9月20日，“厚和浩特市”改回归绥市，“厚和站”改回归绥站（1937年日本侵略者攻入归绥，将归绥市更名为“厚和浩特

⑪ 呼和浩特站现状

市”，归绥站随之更名为“厚和站”）。1949 年绥远和平解放前，联络处铁路小组进驻归绥站，在与反动派斗争中铁路职工王士鑫献出了年轻的生命；同年 9 月 19 日绥远和平解放。1950 年朝鲜战争爆发，11 月 6 日起志愿军铁道兵团、工程总队许多人员经由归绥站奔向朝鲜战场。1960 年，上海及周边地区近 3000 名孤儿坐上一列列向北的火车来到内蒙古，经由呼和浩特站进入草原腹地，留下了许多可歌可泣的历史故事。

新中国成立后，归绥站犹如枯木逢春，不断增建扩大。1954 年 4 月 25 日，绥远省与内蒙古自治区合并，归绥市改称呼和浩特市，车站亦改称呼和浩特站。当时车站的占地面积仅 871 平方米，站房高 4.6 米，容纳旅客不足 500 人，日均发送旅客 200 多人次。1969 年，呼和浩特站站房仿韶山站进行了全面改造。改造后的站房建筑面积 4646 平方米，站房高 8.8 米，候车室可同时容纳 1290 人，日均发送旅客 2000 人，成为塞外青城标志性建筑之一。随着经济发展，呼和浩特站站房已经不能适应运输需求。1993 年 5 月 26 日，旧站房被爆破拆除，1995 年 10 月呼和浩特站新站房建成，总面积 38439 平方米，东西长 210 米，南北宽 65 米，主体 5 层，集旅客服务、餐饮、住宿、娱乐、商业于一体。2007 年 3 月，为迎接内蒙古自治区成立 60 周年大庆，呼和浩特站主站房进行了改造，设计着重体现蒙古族传统文化及浓郁的北方游牧民族特色，传统的八角形镂空屋顶，八面饰以精美的传统纹样，两侧辅楼犹如雄鹰展开的双翼，充分体现了塞外民族的淳朴与豪迈。

2013 年至 2016 年，为落实自治区“打造祖国北疆亮丽风景线”的蓝图，集团公司对呼和站进行了历时三年、站史上最大规模的既有站改造。改造后的站前广场于 2013 年投入使用。2014 年 9 月，改造后的新站房投入使用，候车室东、西两厅连为一体。站场基础站台增至 4 座，其中集包场 3 台 5 线，呼准场 2 台 2 线，拥有更强大的运输能力、更舒适的候车空间和更便捷的换乘通道。

2021 年 9 月 28 日，呼和浩特站与地铁正式开启无须出站、通道连接的“无缝换乘”模式，车站已成为集铁路、地铁、公交、出租车等市政交通设施为一体的综合交通枢纽，最大限度地缩短乘客在站内及换乘的行走距离。

呼和浩特站历经沧桑，如今依然伫立在那里，不仅见证了平绥铁路从起步到领跑的百年发展史，还见证了内蒙古人民从苦难走向幸福，也必将见证中华民族伟大复兴中国梦的实现！

毕克齐站

毕克齐站于1923年1月开始运营，位于京包线的704公里处，坐落在毕克齐镇的南端。车站的两侧至今保留着1934年平绥线通车后最早修建的车站站房。老站房虽然矮小，但青砖瓦舍，展现了90年前京绥线上的站舍旧貌，也默默记录了抗日战争时期毕克齐站铁路工人的

⑪ 毕克齐老站房

⑪ 毕克齐站现状

抗战故事。

毕克齐站往北不远便是大青山，著名的大青山抗日根据地就在这里组建。游击队经常到铁路单位，与铁路工人联系；铁路工人也经常为游击队和根据地采购各种军需物资，传送日寇活动的军事情报。有一次，陶思浩、美岱召一带的日军集结兵力，准备袭击游击队驻地，日军怕走漏风声，把附近的村庄包围起来。车站工人得知这一情况后，立即找一名老乡带路，摸黑翻山越岭，向游击队报告了敌情。游击队安全转移了，日寇扑了一个空。

随着铁路现代建设的发展，毕克齐站已经不再办理一般的客货业务，只有一条专用线通往飞机场，货运任务只办理一些专用的物资，而长长的站场干线多为接送通过列车而用。这个站虽然不大，站级不高，但连续多次被呼铁局评为“三优”文明专用线服务先进单位及优秀中间站。

萨拉齐站

萨拉齐站位于京包线759公里处，在萨拉齐镇北，1922年秋建成通车，迄今已有百年历史。这里每天装煤车较多，编成专列运往秦皇岛等地。同时，把白灰、水泥、焦炭、大茴香、尖红辣椒、黑白瓜子等生产资料和土特产品，运往全国各地。

萨拉齐站的铁路工人在革命斗争年代，表现出了英勇顽强的斗争精神。1925年京绥铁路总工会成立，下设有包头分会，萨拉齐站区属包头分会管辖。绥包分会领导工人运动，整建工人夜校，宣传马列主义。萨拉齐车站的职工也组建了夜校学文化，工会领导人和积极分子宣讲

⑪ 萨拉齐老站

⑪ 萨拉齐站现状

马列主义思想，提高工人的阶级觉悟。站区工人积极参加包头分会组织的与日寇和反动当局的斗争，为八路军和游击队传递情报。1940 年 1 月，萨拉齐县抗日游击队成立，活跃在敌后，威震敌胆。解放战争中，萨拉齐站铁路工人为运送军粮和伤员作出了积极贡献。

新中国成立后，随着国民经济的发展，萨拉齐站进行了 4 次改造扩建。改造后站房为 1768 平方米，候车室内能容 500 名旅客。

2012 年，车站实施升级改造，具备动车停靠条件。2015 年 5 月 20 日，萨拉齐站结束了没有动车停靠的历史。同年，土右旗政府对火车站站前广场及周边环境实施升级改造，使城市对外窗口形象得到进一步提升。

东兴（磴口）站

1923 年 1 月 1 日，京绥铁路正式通车到包头，建在京绥铁路临近终点的东富村西边约一里的火车站，被称为磴口站（后改为东兴站）。这个五等小站于 1922 年底建成，系包头的邻站，中心线在京绥线 788 公里加 801 米处，距离北京站近 801 公里，离包头东站 16 公里。直到 1959 年，它仍然是五等小站，可它却是京绥铁路不可缺少的一个站。

解放前，大青山抗日游击队、人民解放军都曾在这里打击敌人。

1958 年，国家在此投资建设重点工程——包头铝厂和糖厂，车站不断扩建。到 1988 年，磴口站已发展成三等中间站，货运业务主要是从广大农村运往此地、供应糖厂制糖的

⑪ 磴口老站

⑪ 东兴站现状

大量甜菜。

磴口站更名为东兴站，原因是称呼磴口其音的过多。巴彦高勒站有个磴口县，碱柜站有个磴口镇，货主托运货物，旅客上下车，经常发生误卸、误下车之事。为方便旅客、货主，磴口站更名为东兴站。1988 年，东兴站完成大包复线的改造工程，上下行列车复线运行。车站有 7 股到发线，一股装卸线，一股专用线，还有到铝厂、糖厂的交渡线等。

东兴站地处包头东新兴的工业区，这里有全国八大铝厂之一的包头铝厂、全国八大糖厂之一的包头糖厂及包头轻机厂、砖瓦厂、扬水站等。其中包头铝厂是内蒙古自治区直属企业，铝厂年产量约占全国总产量的 6%，在全国各省、自治区、直辖市中居第 6 位。东兴站为这个地区的突飞猛进贡献了铁路力量。随着时代的发展，东兴发生了巨大的变化，百年老站焕发了新的生机。

包头东站

1923 年，京绥铁路通车到包头，位于南门外大街南的包头东站建成使用。当时，站场只有两股道，站舍很小，每天只能接发一对混合列车。日本侵占期间，为了掠夺煤矿资源，曾于 1938 年 7 月在包头东部的石拐矿区修筑了一条运煤专线，日本投降前拆除。国民党统治时期，未增修铁路。直到新中国成立前，包头东站仍是一个站舍低矮简陋的车站，站舍外墙用白灰抹成，人称“白房子”，周围杂草丛生，人烟稀少，满目苍凉。

在包头的历史上，包头东站有过生动的工运斗争史。1923 年 1 月，京绥铁路修至包头后，中国共产党北方区委书记李大钊指派一批共产党

⑪ 包头东站老站房

员随冯玉祥部队到绥远包头。蒙古族共产党员李裕智、吉雅泰等来到包头，住进福徽寺（今东河区东门大街石拐子街）进行地下活动。1925年3月，包头工作委员会成立，李裕智任包头工作委员会书记，以开“明德照相馆”为名深入包头铁路工人中了解情况，向工人进行革命宣传。1925年，京绥铁路总工会成立，下设八个分会，其中有包头分会，陈洪山任分会长。总工会和分会成立后发动领导了工运斗争。包头铁路养路工人率先向铁路当局发起了争取自身权利的斗争，并取得胜利。1926年12月，共产党绥远地委成功地发动了一次针对铁路当局克扣工人工资的京绥铁路大罢工。12月6日，京绥铁路工会经过部署，通过车务工会将计划、要求、传单秘密分送各站。归绥、包头两站工人率先举行罢工，接着京绥铁路其他各站纷纷响应，不到24小时，从包头到西直门全线铁路工人实行了总罢工。这次罢工斗争取得胜利，扩大了共产党的影响，打击了军阀的统治。1931年11月21日，王若飞被捕关押在归绥“第一模范监狱”，包头铁路工人共产党员张有明受党指派，冒着生命危险，潜伏监狱做收发员，与王若飞联系秘密传递情报。1933年8月，包头铁支和赤色工会在绥远省特委的领导下，组织工人进行“反包工制”的斗争，取得胜利。1937年5月，党组织建立了包头情报站，地下党员袁静凡依靠火车司机马辉传送情报，直到抗战胜利。他们为党提供了很多重要的政治、军事等方面的情报。革命战争年代，包头地区铁路工会组织工人为解放军、大青山根据地的游击队送情报，并将食盐、布匹、纸张、药材、工业物资运到根据地；再从根据地运出需要销售的物资，打击了敌人对解放军、游击队的经济封锁。1949年9月19日，包头和平解放。1950年2月13日，包头市人民政府正式成立，揭开了包头历史的新篇章。在第一个五年计划期间，包头被国家列为重点建设地区，与鞍钢、武钢并称为全国三大钢铁基地。

⑪ 包头东站现状

新中国成立后，包头站的铁路建设开启新篇章：1958 年 10 月包兰线建成通车，同年 11 月为配合建设包钢和开发白云鄂博铁矿而修建的包白线也通车运营，12 月恢复石拐支线通车。1975 年 5 月，包头东站已发展为一等站，是京包、包兰、包白、包环线的汇合点。包头东货场是包头市零担货物集散地和全国零担货物中转站。1984 年新建的候车室大楼，建筑面积达 9700 多平方米，左右两侧分为上下行候车大厅，整个建筑结构雄伟、美观大方。每天上下车旅客达 1400 多人，年发送人数为 120 万人次。在候车大厅西侧，耸立着一座十层楼高的钟楼，每到整点就会播放《草原晨曲》，钟楼上的四面时钟方圆数里都能看到。登上钟楼观看，包头市东河区尽收眼底，是包头重要的地标建筑。

2006 年，生产力布局调整后，包头东站划归包头站管辖。2008 年至 2021 年，包头东站多次进行站改施工。目前，改造后的包头东站总面积 11250 平方米，分东西两个候车厅，东厅 926 平方米，西厅 926 平方米，内设综合服务中心。

如今的包头东站已是一个白天繁华忙碌、夜间灯火不熄的不夜站。

附录

FULU

綏
察
哈
爾
山
直
北

附录一

文献史料

京绥路罢工风潮的报道

1921年京绥铁路管理局局长陈世华等人舞弊，添用私人，滥借日债，中饱私囊，致京绥路陷于破产的境地。他们扣发工人工资，使工人不得温饱，不堪忍受，遂于12月11日至19日爆发罢工风潮，斗争取得了胜利。现将刊载于1921年12月《晨报》上的反映这一罢工风潮的几则消息收录于下：

京绥路闹薪之风潮

京绥铁路自通车绥远以来，每日收入达二万余金。员司薪水向由收入支出，依照定章，须于每月二十五日发给，近来因欠薪太多，屡屡延期，各员司因年关在即，典当俱穷，因于本月十日，全局员司公举各处课课长，向会计处长李懋勋请求发给十一月份薪金，该处长非但不允发给，并将各课员申斥，谓本路收支不能适合，我一人有何办法，你们如要薪水，可跟我到局长那边去。当晚有编译课员林竞起为质问，说收支所以不能适合，由于本路购买材料太多，试问现在负债达到二千多万，若待到债目还清，收支适合时候，恐怕我们员司都要饿死，谁能枵腹从公。李无词可对，大为发怒，遂与林竞冲突，拟交局长惩戒。该局员司，围观甚众，见此无理举动，大为不平。课长高棠林起而排解，李愤怒，不分皂白，将茶杯掷向高头上致伤，于是全体大哗。李知众怒难犯，急奔诉陈子光局长，迄今尚未解决。现在全体员司工役，以李某薪工不发，又复无故殴人，大为愤慨，已谋对待方法云。

（1921年12月11日）

京绥路局员司全体罢工

京绥路局因闹薪而起风潮，已志昨报。咨闻该局员司全体开会议，自本月十一日起，局内外一致罢工，并布告陈世华与李懋勋种种罪状，另有通电一则，录之如下。文云，北京晨报转各报馆钧鉴，本路为中国自造之铁路，历年艰难缔造，幸已全路通车，乃有一绝不懂路务之陈世华，于去年以夤缘攫得局长，添用私人四百余员，违法购料二千余万，滥借日债，专图回扣中饱，致本路陷于破产之地位。近更以扣发薪水，唆使会计处处长李懋勋，殴伤地亩课课长高棠林，并声言解散全局员司。同人忍无可忍，已全路一致罢工。除呈请交通部长迅予一并撤换查办，以维国法外，特此电达，务乞主持公论，以维路政，无任感祷。京绥铁路管理局全体员司公叩。尤。

（1921年12月12日）

罢工中之京绥路

京绥路因职员闹薪，激成全体罢工风潮，已纪昨报。闻昨日陈世华及少数员司，尚未到局，惟局务已完全停顿，文件均积压号房，形势越是扩大，局外亦完全入于罢工之状态，仅西直门早车，照开一次。闻本日起，西直门亦停止开驶，全体员司极为一致，公决非俟贯彻主张，决不恢复原状，并将前日详情，宣布如后。（一）自通电后，张家口阳高辛庄木家堡（按：永嘉堡）各站，均已复电，表示赞同，即环城路亦预为后盾之同罢。（二）分呈总理与张交长，并推代表往见王司长，均经各方表示容纳撤陈免李，并允维持路政。（三）请以副局长维持局务。（四）路款应交出纳课保存，免再被李卷逃。（五）国务院已奉靳揆批交院部查办。（六）推举调查检查李懋勋任内所有舞弊侵吞公款事情，一一列举，提向法庭公诉。（七）继续请愿与分途进行各办法，非达驱陈除李目的，决不回职。（八）据调查报告李懋勋与陈世华私提路款，为订购大宗材料械件，计有二千余万，名为发展交通，实则狼狈为奸，即其回扣一项，计入约有二百余万。且材料诸多难用，如械车则又转押于某日商，为南满路之运用，其余尚待续查。似此贪婪，诚属污玷官箴，非撤职提交法庭严办将何以惩官邪云。

（1921年12月13日）

京绥路罢工风潮之续闻（一）

京绥路局长陈世华舞弊，激成全体罢工风潮，已迭前报。兹闻昨日有少数陈李私人钟某吴某梁某许某，受陈李之金钱运动，主使十余人，亦发通启，否认罢工举动。经该罢工人员集局中全体演说，一致驱奸，勿受煽诱，大众拍手欢迎，并通电各站，报告真相。

又闻陈世华腼颜恋位，尚日日到局，现在各站已一致罢工，各处长课长一到即去，陈惟有独守局长室，自怒自恨而已。又闻该罢工人员团体极为坚固，甚至有彻夜不眠，日中独奔走各处者，现在极守秩序，静候部解决。惟因恐耽误军事运输，已由总代表林竟通电各站，凡军事运输照常开行，至各货车，已全行停驶矣。又一消息，京绥路局反对陈李风潮，愈演愈烈，全体职员去陈李之决心，仍毫无转念之处。交通部昨日又邀集该局各处长，责以维持路局，勿使该路发生何等危险，各处长亦皆遵命。惟对于局长之去留问题，因同事一致坚决，非口舌所能解劝，闻陈世华前晚知事不可为，已拟提出辞呈，忽又变计，尚拟为最后之挽救,故昨日辞呈仍未到部。交通部当陈未自行辞职以前,亦只得暂时沉默,惟一面责成局长，一面劝告局员，令各以路局为重云。

（1921年12月14日）

京绥路罢工风潮之续闻（二）

京绥路罢工人员推代表到交通部，控诉陈世华、李懋勋舞弊情形，请彻底查办。现闻交通当局以京绥路罢工风潮，陈既不能防范于前，复不能弥缝于后,实属溺职,已派技监沈琪司长祝书元查办,大约陈李犯状,不日当可以水落石出。又闻罢工人员代表团以维持全路人员生计，公推出纳课长为临时会计，今日局中及外站各人员薪水，已一齐发放。可见会计处本有存款，不过为陈李把持，其居心更昭然若揭。现薪水虽已发放，但罢工人员仍坚持非达驱逐陈李目的不止云。又京绥路现发见许多黑幕，其中最重要者，为本年定购机车七十余辆，客货车一千辆，闻此项回扣，为数约数百万，均为陈世华收入私囊，又闻该路每年收入本可盈余二百万元上下，自今春叶恭绰长交时，局长陈世华承叶氏之命，定购大批机关车连货车,共计价约二千数百万元。顾车辆虽加,而该路营业,不但未尝较前稍增，且反形缩减，陈某又复不顾全路员工衣食，尽先将路款拨付该项车辆之购租各价，以致该路负债骤增，就现在实际言之，非将叶氏任内，所批准购租非必要之各项车辆，及材料之各合同，设法取销，恐不足以挽救该路之厄运云。

（1921年12月16日）

京绥路罢工风潮之未已

京绥路风潮已迭志前报。兹闻李懋勋见大势已去，提出辞职，惟陈世华，尚思恋位，照常到局。并闻陈李死党吴某等私相会，惟李懋勋妹婿之弟曾昭攀为代表，遍发传单，云即日发薪。有向曾相索者，曾狼狈而逃云。又该罢工人员公呈交通部，撤换陈李，业已四日，部中尚无表示，罢工人员因公推代表，今日赴部呈诉，非达到去陈目的不止云。又京绥路广东同人，亦发布攻击陈李文件，录之如下。京绥路为完全国有之路，亦为吾粤人开始缔造之路，溯自詹公眷诚建设于先，陈简墀关伯衡诸公尽力维持于后，至今日全路告成，震铄（铄）中外，粤人之功不可没也。在我粤人宜保存此荣名美誉，以为交通史上之光，讵料陈世华长局以来，与李懋勋狼狈为奸，擅购材料二千余万，朋比分肥，以至全路陷于破产，使乡先哲艰难缔造之路，败坏于一二奸回之手，真我粤人之大大不幸也。今我粤人为系荣名美誉计，为本路前途计，当身先士庶，驱逐陈李，为乡除蠹，为国除奸，即此足以表明广东人为公而不为私，护理不护亲也。大义所在，天日鉴临，凡我乡人，共喻斯语。

（1921 年 12 月 15 日）

京绥路员一致攻击陈世华

交通部对于京绥路风潮，已得查办员祝书元、沈琪之报告，陈世华之溺职，无可讳言，故委副局长水孟赓代理事务。至于对陈世华，则尚须彻底根究。陈世华日前曾运动工人中之粤籍者出而助之，以谋制止反对之运动，但因公理所在，实难得逞，故粤籍人员，不惟不为之助，且发表宣言以排斥之（其宣言曾志本报）。谓陈李此次之激起众怒，确因意图回扣，滥买材料所致。闻京绥局中人云，陈李因此，获利颇多，大约陈得八十万元，而李亦得二十五万。当祝沈两查办员在查时，该路全体人员曾上一书，其中对于陈李之种种罪恶，一一揭发，且表示希望秉公办理之意云。

（1921 年 12 月 18 日）

京绥局罢工风潮已告结束

京绥局罢工风潮，自部派人查办，陈世华始引咎辞职，现交通部已令派沈琪兼领局长，罢工人员驱逐陈李业经完全达到目的，故即由总代表林竞通电，及全体罢工人员宣告恢复原状。兹将其通电及宣告照登于下。

（一）通电。各处课段站厂院所公鉴，十二月十七日本局奉交通部令开派技监沈琪兼领京绥铁路管理局局长，此令。又令开据陈局长世华因病电呈辞职应即照准，所有局务仰由新任沈局长琪督会各该处长转饬各该管员司即日照常办事，恢复原状，毋违。切切此令。等因奉此。查同人驱逐路贼陈李，业已达到目的，所有机车工电各部分公务，一律完全克日恢复原状，此次能得胜利，端赖内外一致，人心不死，公理难逃，谨为我本路同人三呼万岁，总代表林竞叩。

（二）宣言。自陈李祸路以来，同人含愤忍痛，祸机四伏，早知必有爆发之虞，顾犹苦口进言，冀其悔悟。不谓贪狠之性，习于天成，失节之妇，难言洁贞，忍隐至今，事非得已。此次事虽起于停发薪工，而实际在陈李之破坏路务，不然谁无身家，不计利害，卵石之喻，宁有不知。特以大义所关，难安缄默，是故风声所播，内而员司工役，外则各界同胞，无不一致赞同，共起援助。今者陈李去矣，原状已复。至于违法之约，如何废除，贪赃之罪，如何惩办，残破之局，如何收拾，负责有人，新任将到。同人等既抱牺牲保路于先，今又不能顾堕破甑于后。苦衷惟冀共谅，愆尤尚篆玉中，谨于十二月十八日一致恢复原状，听候长官办理，特此宣言云。

（1921年12月19日）

京绥路同人会反对交通部丧权之宣言

京绥铁路路权被出卖的消息传出后，激起了所有京绥铁路工人的愤慨。1922年8月9日，京绥铁路车务工人同人会为反对交通部与太康洋行签订亡路合同，发表《京绥路同人会反对交通部丧权之宣言》。现将刊于《黄报》第二版的宣言收录于下：

京绥铁路自先贤詹公天佑艰难缔造，克底于成，至今已达一千五百余里，实为京兆、直隶、山西、察哈尔、内外蒙古、甘、新、青海各省区之大动脉，关系重大，各路无与伦比。十余年来，看着进步，日趋有功。不料去岁，局长陈世华贪图回扣，购买大宗材料及值款，以致负债达三千六百余万，百孔千疮，已嗟来日，乃因短欠美国太康洋行车价美金一百八十余万。交通当局，复于今年六月十二日，私行签订合同，许其派人监督会计收入，又每月至少须交四万美金，否则利息增至一分二厘。垂死之夫，复投毒剂，庸有幸乎。先是京绥向太康洋行订购货车六百辆，计美金二百三十余万，除已付四十九万余元外，所短之款，均与以期票，约定到期不能还，则给付八厘利息，以付清之日为止。是根本无重订合同之必要也。今竟重行更定矣。惟持监督会计一项，直属亡国人之所为，则还本之数及利息，均超过原订合同三分之一。夫美商一债户耳，而所损已若是之巨，其将何以应付其他乎？鸣呼！外人之欲掠我路权，奴我人民宜也，而我交通当局，何忍心自夷于埃及、印度乎？本同人会既以保路为宗旨，则对于此种亡路合同，誓死不能承认。除恳请部局长官，设法取消外，谨掬血诚，宣告于各界同胞曰：京绥铁路为西北各省区命脉，京绥亡，西北各省与亡，而全国也难幸保，务祈同发义声，一致挽救，国人争已亡之胶济，孰若争未亡之京绥？交通界同人，久宜抱物同类之怀，作披发缨冠之助。至于我京绥同人，尤有切肤之痛，譬死力争，尚可苟存，稍存徘徊，则宰割立至，将何以对全国同胞？与对已死之先贤，又将何以养父母活妻子乎？其速起！其速起！京绥铁路同人会谨启。

京绥铁路全体同人致交通部的“哀的美敦书*”

1922年8月19日，京绥铁路车务工人同人会集合全路工务、车务、机务工人及总局员司共600多人，在总局西华厅开会，研究救国护路斗争的进一步行动计划，并拟定了《京绥铁路全体同人会致交通部的“哀的美敦书”》。现将发表于1922年8月20日《黄报》第二版的全文收录于下：

交通部签：京绥路自负债三千万后，日在水深火热之中。乃贵部毫不爱惜，复于本年六月十二日与泰（太）康洋行改订合同，准其派人监视收款及该行代表可以随时查帐，还本利息，数更加交，各债户援例而至，应付已穷，危亡立见。在贵部方自诩为整顿路务之一种政策，殊不知无形中已夷为埃及、印度矣。同人等痛国路之沦亡，愤主权之丧失，业经分别呈请限期取消合同在案，事经数日，贵部毫无觉悟，一意孤行，同人等呼吁无灵，深为惋怍。兹为救国护路计，对于改签太康洋行亡路合同，抵死不能承认。内外一致，万众一心，只为救路，别无腑肠，除环求府院主持，请愿国会外，敬与贵部约，非将前项改签合同，务于五日内完全取消宣示，并将滥购材料，滥借外债之祸路罪魁，立予惩办，以伸法纪，则同人誓不甘心。以上请求，实本天良，请于二十四时内完全负责答复。同人等为交涉后盾计，在泰（太）康改订合同未经取消以前，宣告脱离直辖，并不承认贵部何种命令。泣别陈词，并非得已，统希鉴察。

京绥全路全体员司工人一万余人同叩

* 哀的美敦书：拉丁文音译，即“最后通牒”。

京绥铁路工人救路请愿传单

1922年8月21日至24日，京绥铁路员工反对交通部部长高恩洪向美商抵押外债改订合同，组织救国护路团游行并散发传单。现将原文从《张家口地区党史档案》中摘录如下：

同胞呀！快起来救路吧，我们京绥铁路已经被路贼高恩洪卖掉了，他同太康洋行订立了合同，答应外人派人监督财政，其余各家也都接到派人共管了，京绥铁路若是亡，西北像直隶、山西、察哈尔，绥远、内外蒙古、甘肃、新疆、青海、西藏等各省，都要亡了。那末（么）一来，试问全国还能存在吗？同胞们呀！路贼还不止同太康洋行一家订约呢！他又把京绥路抵押外人三千万，京汉路抵押四千万，沪杭甬路抵押一千万，从今后，全国交通就被他一个断送了。

同胞呀！全国交通就好象（像）人的全身血脉，没有全身血脉都停的人。那个还能存在的，也断断没有全国交通都被外人占领，那国的百姓还能免了作亡国奴的。

同胞呀！亡国奴的味道是很难消受的哟。象（像）朝鲜、印度……，我们同胞要不愿当亡国奴，就应该快快起来救路。

京绥路已经亡于外国债主了！

各界同胞快快起来力争吧！

快快起来救护吧！

京绥路……长有一千五百多里，完全是中国人和中国资本造的，没有外国人外国钱的关系，只有京绥这一条路……应当宝贵他（它），不料去年有个路贼局长，名叫陈世华……大借外债，共有三千六百万之多。其有个债主，名叫太康洋行，原来买他的车辆价值美金二百多万，曾经订过合同，头一年应还他三十八万多，分五年还清，倘到期不还，就给年息八厘，但至今直奉打仗时候，京绥路火车都为装兵要紧，生意不太好，故欠两期未付，照合同，只要给他年息八厘就行了，那（哪）知太康洋行不讲理，要求重改合同，派人到京绥路监税收款，利息还要增加一分二厘，此种无理要求，交通部本不应承认，应驳斥他，驳斥他一不该派人监督收款，二不该要我们多还他钱，三不该比以前的利息多四厘，那知高恩洪不知从中受了多少好处，把那个要命的合同一概签字承认了。……快快起来一同力争吧！快快起来一同救护吧！

救路团泣告

全国各界联合会向全国各省区发出通电声援京绥铁路救国护路斗争

京绥铁路工人的爱国斗争，赢得了全国各族、各界人士的支持。1922年9月初，全国各界联合会为支援京绥铁路救国护路斗争，向全国各省区、各侨胞发出通电。1922年9月19日《黄报》第三版以《亡路合同之反响》进行报道，原文如下：

通电呼吁：各省区各侨胞、蒙古、青海、西藏各团体各报馆并转各界钧鉴：京绥路为我国最完全之国有铁路，长一千二百余里；延至包头镇，计一千五百里，地跨五省区。沿途物产丰富，北临蒙疆，西附青海，西达伊犁。在政治上经济上军事上实占重要位置。更由伊犁或准噶尔出国境则与俄之塔俘干铁路衔接。再西则与拜克达铁路联贯，将来沟通欧亚陆程，较西伯利亚铁路尤为便利，应如何爱护发展。乃始误于陈世华等之手，滥借外债，达三千余万元，其大部分或充军费，或饱私囊，所购车辆材料等件，不过合一千余万元。尚狼籍于秦皇岛、塘沽、新河一带，言之可为痛心。而高恩洪复变本加厉应泰康*洋行之要求，于本年六月十二日核准车价，展期付款合同七条，因一百八十二万五千美金之借款丧失主权至斯之巨，殊甚骇异。查此种合同缔结之手续，绝对非法，当然不生效力。京绥路员工为救路起见，累次主张取消合同，反被高恩洪

* 泰康：即前文出现过的太康。

唆使军警，压迫捆拿，丧心病狂，无非以强有力者为后援。彼吴佩孚既袒庇高恩洪以捐卖路权，又扣留车辆以妨害营业，黎元洪只知迎合其意旨，以抑减社会之同情。仅此一端，其罪已不可逭。立盼国人详察合同内容，力保交通命脉，一致否认亡路合同，及其他借款契约，驱逐奸祟，整顿路务。共管之说，应免实现。

京绥铁路车务工人为罢工告各界同胞书

1922年10月，中国劳动组合书记部组织平绥铁路车务工人同人会，发动了震动全国的车务工人大罢工。罢工期间，为了取得各界同胞的支援，车务同人会还向京汉、京山、津浦等邻局及京绥沿线各城镇发布了《京绥铁路车务工人为罢工告各界同胞书》。现将原文从《北京地区工人运动资料述编》中摘录如下：

工友们同胞们呀，我们工人一身（生）一世，如牛马一样的劳苦工作，自己所作的，自己完全享不着，这已经是够不平了啦，现在我们虽然那样的拼命作工，竟落得自己一饱一暖，都享不着，天下岂有这种道理。我们铁路上的工人，尤其是我们京绥路车务工人，一生如机器一样的跟着火车奔走，不论怎样的烈日暴雨，怎样的酷寒炎暑，不论日夜，火车转一下，我们也得转一下，火车跑，我们也得跟着跑，什么节日啊！什么礼拜日啊！我们从来不知道这些事。这也罢了，但终久（究）也总得使我们吃几顿饱饭，穿几件暖衣，并且使我们家中老的小的得以安然养活罢，——我们京绥路车务工人，有许多自从火车头一天在京绥路上跑起，到现在已二十来年了，至少的也跟着跑了五六年，计着这二十年来社会上的生活程度，增高了若干倍，京绥路线又延长了多少里，大人先生们的官俸又增加多少了，这些事谁都知道，独单单我们工人藉以养身养家的一点苦工资，至今却没有加多分文。工友们、同胞们，这是一回什么事。我们工人现在就是想拼命工作，也快要无命可拼了，我们就是想怎样的恶衣糟食，以维持这机械似的身体，现在也维持不下去了。加以我们家中待着的老小，不住的在后面哭哭啼啼，望着要吃要穿，这叫我们工人如何办呀。我们车务工人在万不得已之中，上次也曾呈请本路局要求加点工资，以维持我们的生活，不料一直到现在，差不多一个多月了，上面不但没有半个字批示给我们，反出一些通告，说什么我们铁路上几年亏了啦，希望本路职工人员安心服务，维持这条铁路……种种的话。哈哈，他们积聚我们工人一些血汗，造成他们的快乐还不够，另外还想一些好听的话来哄骗我们。即使是真的，铁路上亏了，难道这是我们工人没有尽义务，或者把国家的钱，抢到荷包里去修洋房、讨小老婆去了，致铁路亏的吗？铁路上亏了，要我们工人补偿，来作要求加薪的抵制，这简直是要我们做了工，还要我们的命啊！这是何等蔑视工人、欺骗工人，我们现在实在忍无可忍了。然而我们前天还是以诚恳的态度，向着当局作最后最低的条件请求，不料当局仍是一味的哄弄，还加着威吓，毫无顾及我们利害的意思。我们现在实在无法了，惟有出我们所不愿意作的最后行动，暂时罢工，静待解决。工友们、同胞们，与我们实力的同情援助呀。

还有我们应当郑重申明的，就是我们这次罢工，系因生活的压迫不得已而出此，完全是自己自决的，决没有受何党何系之指使，务要请大家谅解我们这一点，特此宣言，布告全国。

京绥路罢工的二则消息

专电：京绥全路工人因交部欠工资不给，上呈质问不答，不得已于今早（二十七日）起全体罢工，京至绥完全停止开车。又电：密讯。京绥路工潮与高恩洪借一千五百万镑款，有特殊关系。

原载 1922 年 10 月 28 日《大公报》

专电：京绥路罢工，因要求七条件，当局不允，故誓死不肯开工。今日（二十八日）该路机务、车务、警务三处全体加入罢工，形势扩大。

北京电话：高恩洪知高压手段不能制止工潮，因将京绥路工要求完全允准，昨晚之京绥车已开行。

原载 1922 年 10 月 29 日《大公报》

京绥铁路总工会反对英帝国主义者封锁粤港宣言

五卅以来，国民革命的风潮，吓的帝国主义者胆战魂飞，遂唆使奉系军阀一直杀进关来，直至沪滨，促使了全帝大联合的战争，郭松龄将军见民意所趋，倒戈杀出关去，直捣黄龙府，日本帝国主义者见他数年来豢养的走狗旦夕败逃，遂揭破不干涉内政的假面具，公然出兵杀死郭松龄，但仍不能歹杀国民革命的高潮，遂又与彼陷于同一命运的英帝国主义者及其失意的走狗吴佩孚联合，夹攻国民军，又恐为中华民族解放及反对帝国主义的中心广州国民政府北伐，直捣吴佩孚的北路，故英帝国主义亦施其毒辣封锁粤港的手段，以实现彼等之政治阴谋，我们全路九分区代表一万二千工友之委员长秘书大会，异常愤激，当即全体一致决议反对英帝国主义者之阴谋，并通过告全路工友立即举行示威运动，实行排斥英货，凡我国民俱各响应，以达我中华民族解放国民革命之重任，临电不胜迫切待命之至，京绥铁路总工会暨各分会委员会秘书大会即之。

原载《工人之路》26 期一版（1925 年 3 月 22 日）

平绥路工人最近的团结斗争
——提出斗争纲领，准备恢复平绥铁路总工会

一、平绥路工友要求团结奋斗的迫切

平绥路工人过去在赤色工会与共产党领导之下，曾做过很多轰轰烈烈英勇斗争，最有名的、工人群众至今引以为荣的，远在“二七”以前有车务工人胜利的罢工，1924 年（民国十三年）有全路一万四千多工人索薪的怠工，亦得到胜利……所以平绥路工人有丰富的斗争经验，在斗争中已认识共产党是工人自己的领袖，因此北洋军阀、国民党、路局都特别仇视平绥路工人。国民党除更残酷的（地）继承北洋军阀压迫，剥削工人群众，任意开除，逮捕工人领袖数百外，复委派工贼（如张德惠之流）组织什么工整会、工会联合办事处，以作国民党、路局御用的更直接压迫欺骗工人群众的机关，国民党各派（西山会议派、改组派、新中学会、交通系、蒋介石派、阎锡山派）又互争工整会、工会联合办事处这种机关，并进而分裂工人群众的统一战线，分散工人斗争的力量，作国民党各派少数黄色领袖、工贼争权夺利的工具，至于工人群众的迫切痛苦与要求，他们不但闭口不提，就是工人群众提出来，他们不要工人群众学过去车务工人的大罢工，也不要工人群众和 1924 年一样的总同盟怠工，欺骗工人不要直接行动，让他们以“慢慢和平交涉”的圈套，延续到遥遥无期，今年上半年工人群众曾提出以下的斗争条件：

①发清欠薪；②发清三年花红；③按月开支；④不要山西票，一律

发大洋；⑤开车就给饭钱；⑥按章加薪；⑦例假放假，发给双资。

结果被黄色领袖和国民党勾结起来，就这样“和平交涉”的没有声息了。

现在呢？时已到了冬天，平绥路格外是“寒气逼人”，军阀又在打仗，平绥路又免不了运兵，再加上灾荒，物价增高，工人们的开支添了许多，但工资一文未加，新旧欠薪至十七个月之久，花红不用说更没有消息，连每月的工资尚不能按时开支，国民党政府、路局又连二赶三的颁布，压迫工人的什么命，什么令，路局近来又继续任意开除工人，所以工人群众普遍的酝酿“团结奋斗”。

工人们这种酝酿已不止一次，半年来跃跃欲试的几次都被少数黄色领袖、工贼与国民党勾结起来延缓和出卖。近来工整会、工会联合办事处因工人群众的反对与国民党各派、黄色领袖、工贼们内部的互斗，牵制陷于停顿，一部分黄色领袖与工贼鸟兽四散，工人群众减少这一层压迫，所以酝酿“团结奋斗”的运动，更急剧生长，工人群众都想起过去的“京绥铁路总工会”，大家都相当认识工整会、工会联合办事处少数工贼压迫欺骗、分裂工人群众的罪恶，大家都深切的感觉有全路工人团结起来奋斗的必要，遂爆发目前平绥工人团结奋斗运动，这次不是偶然现象。

二、全路代表大会的内容

这一潜伏的团结奋斗运动，首先在南口工人中爆发，南口工人发起这一斗争时，便想到过去曾领导工人斗争的老工会领袖，到张家口去找，这一运动遂由南口扩大到张家口了，这两地主观上为工人谋利的领袖自张家口通电给全路工人，主要思想是全路工友必须团结起来，统一起来，因工整会、工会办事处及地方观念（如唐山派）引起的工人内部纠纷，可以调解，为了这一任务各站可派代表至张家口开全路工人代表大会。这一通电发出，全路皆应，八站各派代表二人，张家口因站大派四人，还特许唐山派工人中领袖出席，听说过去在工整会、工会联合办事处的黄色领袖中亦有人出席，共计到会二十二人，在10月初旬开会，这个会在群众来看，已过于和平过于包罗万有，但在国民党看起来已十分“过激”，在开会的当中，国民党曾派侦察与少数工贼监视。此会因为包罗万有，因为国民党的监视，出席会的代表们大多数主观上因都有为工人谋利益，要团结、要奋斗的意识，但恐怖情绪尚浓厚，害怕国民党这个阎王爷严厉压迫，于是乎成立的决议，根本动机虽好，但难免有非议之处。决议：

一、和平统一，调解纠纷。

二、俟大家赞成统一，便组织平绥铁路总工会。同时提出工人的要求三项：①发欠薪；②按月开支；③年假双资。

工人群众本来还有很迫切的、很重要的要求，例如上半年曾经提出没有办到（见前），代表们急于“统一”“调解纠纷”，都十分注意，在会场上大家多偏重于调解纠纷的方面，这却是“美中不足”，这个不足需要全路工人群众起来补充的，不然这个“不足”发展下去会走到黄色领袖延缓工人斗争、欺骗工人的“和平交涉”的老道，这是全路工人群众要严重的注意点，出席的代表，只要真正的为工人谋利益，平心想想，也许会觉悟到忽视工人迫切要求与斗争，偏重调解，离开斗争调解纠纷，会做到“事与愿违”。

在会场上还有一个表现，就是大家深恶工人群众内部不一致的缺陷，许多的代表，尤其曾在工整会、工会联合办事处的几个人都愤慨过去在工整会、工会联合办事处的确没有给工人谋利益，的确受少数黄色领袖与国民党的愚弄，制造工人内部分裂，现在是要“痛改前非”了，这种勇于改过的精神，当然可以取得工人群众对他们的宽宥，有予以“自新之路”，但工人群众不只是听口头的悔过，是要确确实实的事实来证明，因为工人群众从自己经历的事实中，已知道工整会、工会联合办事处的黄色领袖是国民党、路局欺骗压迫工人的刽子手，现在这些似乎很要痛改前非的黄色委员们，必须事实上站在工人群众方面，必须事实上依照工人群众提出的条件和工人群众生在一块、死在一块的（地）奋斗，工人群众才敢相信这些委员们当真回到工人的阵营，这些委员们只要当真觉悟了，也应该这样从事实上表明心迹。好了，现在我们看以后斗争中的事实！

三、代表会后的代表团活动

代表大会议定了上述决议，大家遂一起到各站去传达，说是要征求各站工人群众的同意与执行，先由张家口到北平，现在已由北平回到张家口去大同、包头一带去了，结果尚完全不知，据得到一部分事实，工人群众对“团结奋斗”“统一战线”都是乐意，但仍然存有等待代表团的心理，尚没有积极的大家活动起来，斗争起来，坚持实现上半年曾经提出的条件，各站工会大部分仍在黄色领袖包办之下，阶级工会的政治影响与领导尚很薄弱，最可笑亦复需要公开指出的，就是代表团到了北平，见了局长，局长被代表大会与群众的威吓，用和缓群众的办法，提前说：“你们决议发欠薪、按月开支条件，我现在正在设法就这样办。”代表团中竟有少数代表们忘记了他们自己的决议，忘记了劳苦的工人大众，以献媚局长的态度说：“我们不要求什么条件，我们为的是和平统一，维持路政。”不管这些代表们心中怎样的为群众谋利益，口上说的怎么好听，这段话简直是出卖工人群众，活灵活现的工贼口吻，什么“路政”、什么

“维持路政”、什么“和平”……都是国民党工贼、黄色领袖欺骗工人的勾当，国民党军阀不断的打仗，破坏铁路，他们要我们劳苦工人只做工，不要吃饭，不要穿衣，不要养活妻子老少，专门替国民党路局阎王爷维持路政，这不是工贼的话是什么？

四、怎么办？

现在平绥路一万四千多工友及代表中站在工人利益方面的代表怎么办？

（一）实现工人群众的迫切要求：工人群众大家现在所需要的“发欠薪，加工资，按月开支，年假双支……”等条件，觉悟的工人应马上把这些条件提到工人群众中讨论、宣传，动员全路工友起来为这些条件团结奋斗，全路的工友只有在这些条件之下，才能化除纠纷与地方观念，只有为这些条件斗争起来，才能统一工人群众的战线，谁赞成大家提出的条件，谁和大家一块儿为这些条件奋斗，谁就是工人阵营中的战士，谁能领导工人为这些条件斗争，谁就是工人领袖。一切不提工人群众利益,不为工人群众利益奋斗,甚至阻碍工人为本身利益奋斗的“和平”“维持路政”，离开斗争的调解，都是工人的叛徒。

（二）现在“和平统一”的代表团,事实上就应当变成“团结奋斗”“统一战线”的代表团，领导工人群众起来斗争，驱逐死不觉悟，不领导工人斗争，不要工人利益的黄色领袖。

（三）在这一斗争的过程中各站工人大家起来，全路一万四千多工人大家起来，用群众的力量为群众的利益奋斗，起来包围站长，包围路局,并准备群众的怠工与罢工,坚决的驱逐各站工会中的黄色委员、工贼，使各站工会成为工人自己的工会。

（四）提条件，驱逐黄色领袖，斗争都要完全由工人群众自己起来干，工人群众选出的代表，须向工人作报告，受工人群众严格的监督，反对国民党干涉。只有在这一个斗争的过程中才能使平绥路工人群众统一起来，进而有群众的代表大会，组织平绥铁路总工会。

平绥路工人群众在斗争中团结起来！

原载《北方红旗》1929年10月26日第六期

关于建立大青山抗日游击根据地的几份电文

大青山位于原绥远省境内的阴山山脉中段，东起集宁以北的灰腾梁，西接包头以西的乌拉山，东西长 700 余里，南北宽百余里。大青山地区系指大青山脉南北绥远省中部和东部的广大地区。在长期的历史发展中，这里形成了多民族杂居格局。这里物产丰富，交通便利，平绥铁路横贯东西，成为连接我国华北和西北的重要纽带。因此，在抗日战争中，大青山地区对敌我双方都具有极其重要的战略意义。日本占领绥察并建立起伪蒙疆政权后，即把大青山地区作为其殖民统治的心脏地带，将驻蒙军主力、特务机关以及伪蒙古军主力都集中在这里，企图长期控制这一地区，把这里变成后方基地，向东与伪满洲国相连，向西进军我国大西北，向北形成对蒙古和苏联进行军事进攻的前沿阵地，向南对我晋西北根据地包围夹击，并威胁陕甘宁边区。对中国的抗战，特别是中国共产党领导的敌后游击战争来说，大青山地区的战略地位亦十分重要。控制了这一地区，就能够牵制日军兵力，阻止日军南下，配合正面战场作战；就能够保证陕甘宁边区的安全，并推动整个晋绥抗日战争的发展，进而与华北敌后各抗日根据地相呼应，形成更加广泛的敌后战场；就能够动摇日本在内蒙古的殖民统治，树立起蒙汉团结抗日的旗帜，粉碎日本侵略者对中国各民族实行“分而治之”的阴谋，在抗日反攻阶段到来之际，形成战略反攻的前沿阵地。同时，对于建立国际交通线，沟通与苏联的联系，加强国际反法西斯统一战线，也具有重要意义。党中央从抗战局势的发展和战略需要出发，适时地作出了创建大青山抗日游击根据地的战略决策。

以下电文均选自内蒙古自治区档案馆、中国人民解放军档案馆、中共内蒙古自治区委员会党史资料征集委员会编著，内蒙古人民出版社出版发行《中国共产党内蒙古地区历史资料丛书·大青山抗日游击根据地资料选编》（历史档案部分）。

毛泽东、滕代远致贺龙、肖克、关向应*并告朱德、彭德怀电

——询问能否沿大青山脉创立一游牧性质的骑兵支队

（一九三八年三月三十日）**

甲、报告宋部***的情况电悉，干部待一个月后抗大三期毕业可派来。

乙、能否在大同以北、兴和、商都、康保地区，建立一个根据地，盼调查电复。

丙、又能否沿大青山脉创立一个游牧性质的骑兵游击支队，如可能则该支队西走新疆边境，东迄满洲，整个内外蒙交界区域均可为其游击地区，亦盼考虑见告。

---

* 滕代远，时任中共中央军委参谋长。贺龙，时任八路军第一二〇师师长；肖克，任副师长；关向应，任政委。

** 现存两件原抄件上落款的时间不一致，一件为“毛滕二十九日”，另一件为“毛滕三十日并告朱彭”。二十九日似为拟文时间，后一个时间，可能是毛滕正式签发电文的时间并加了“告朱彭”。

*** 宋部，指八路军第一二〇师宋时轮支队。

毛泽东、滕代远致贺龙、关向应、肖克并转宋时轮电
——平绥路北之丰镇集宁等地区可否建立游击根据地
（一九三八年四月十八日）

关于平绥路以北包括丰镇、集宁、天镇、阳高之北部及兴和、尚义、商都、康保、新民、陶林、武川诸县直至东边的张北县这一广（大）地区，能否创造建立游击根据地，请你调查见告并转宋时轮同志调查见告。据绥远来人谈该地一带都是山地，民间枪支颇多，铁道在山沟中行，铁道南部凉城一带亦是山地，枪支亦多，游击队可跨铁道发展，并往来穿插铁道都不成问题等语，究竟情况如何望速告。

毛泽东致朱德、彭德怀、贺龙、肖克、关向应电
——关于建立大青山游击根据地指示
（一九三八年五月十四日）

在平绥路以北沿大青山脉建立游击根据地甚关重要，请你们迅即考虑此事。

朱德、彭德怀致毛泽东电
——关于组织骑兵团去大青山的报告
（一九三八年六月十日）

接贺、关、肖七日廿时电，我们意见如下：

甲、大青山、青龙山地区建立根据地，为将来得到某种补充很重要。惟该地带甚寒冷，我们意见组织骑兵前往为宜。如同意，请将陕北骑团

抽出与一二〇师之骑营合编支队前往。如陕北骑团不能抽出时再有（由）前方另设法。

乙、宋支队[*]已到昌平以北在热察冀边建立根据地。袭平张铁路及承张公路阻敌深入西北有重要意义，发动冀东、热河，争取民团伪军及收缴武装较有希望。

丙、如因某种关系在大青山脉非去步兵不可，再由一二〇师另派为宜。

毛泽东致朱德、彭德怀、贺龙、肖克、关向应电
——大青山游击根据地须选派精干部队优秀领导者

（一九三八年六月十一日）

大青山脉的重要性如来电所述。该地应派何种部队何人指挥及如何作法，由你们依据情况处理之。惟开始建立根据地时，敌人知其重要意义，必多方破坏，故部队须选精干者，领导人须政治军事皆能对付，且能机警耐苦，而有决心在该地创立根据地者。陕北骑团现控制河套蒙古广大区域，在定、盐[**]以北五百里之杭锦旗[***]一带，配合蒙民抗御敌军南下，故不能调动。

---

* 指八路军一二〇师宋时轮支队。
** 定，指定边；盐，指盐池。
*** 杭锦旗，在今内蒙古自治区鄂尔多斯市。

平绥铁路工运工作情形

从1945年8月15日抗战胜利，到1946年6月国民党蒋介石发动全面内战之前，这个时期共产党领导的平绥铁路沿线解放区工运工作成效明显。人民当家作主，严厉惩治汉奸恶霸，保卫胜利果实，工会组织重建成立，运输生产逐渐恢复发展，工人生活得到一定改善。

延安广播电台播放的这篇通电，让今天的人们进一步了解了当时平绥铁路工运工作情形及总工会成立大会的盛况。现将原文从《中国工会运动史全书（内蒙古卷）》中摘录如下：

延安广播电台播放：平绥铁路工运工作情形（1946年4月） 晋察冀二十七日电：平绥路全体员工代表大会业已开幕，总工会筹备会主任廖平向大会报告半年来工运概况。平绥铁路已经解放的43个车站，今已建立8个分总工会及30多个工会，拥有职工会员3000余人。各站各工会前后领导进行35次清算检举，参加工人4000余名，彻底摧毁了敌伪与反动派统治工人的一套工具；并领导职工开展民主评议工资制度，工人工资一般均增至200至450斤小米，并获有煤、布、水、电、住房等津贴，生活已较前显著改善。此外，工会并协助路方，救济与安插了1119名由国民党收复区逃来的失业员工。文化教育方面，工人夜校、识字班、通讯小组纷纷成立。总工会筹委会曾举办轮训班3期，参加学习的工人共达500余人。扶轮小学4处，入学工人子弟920人。员工们生产热忱空前提高，多自觉地组织生产竞赛，半年来开出列车2527次，载运旅客64万余人，货物16万吨。各修理厂、制造厂均已修复开工。工会并曾协助路方，提拔了182 名老工人、生产积极分子，充任行政与技术管理人员。

关于今后工运主要任务为：1.大规模开展革命的生产竞赛，继续提高生产与交通管理效能，实行多劳多得、公私两利的奖励制度，发挥职工的积极性，建设规模的平绥铁路。2.巩固工人既得利益，举办各种福利事业，从组织业余生产、家庭生产等着手，建立工人的家务；继续加强工人文化、政治、技术等学习。3.团结全国铁路员工与各界民主人士，全力援助他们争取民主自由和改善生活待遇的斗争，为政协决议百分之百地实现而奋斗。

上述报告经缜密讨论后，得到与会代表一致热烈的通过。大会并通过平绥铁路工会目前工作纲领、组织章程，建议山东、热河等地铁路员工成立解放区铁路总工会及反对国民党反动派违约阻挠恢复交通等提案。大会选出徐平、杨干、周荣鑫、黄元等15人为平绥铁路总工会正式执委，郭剑等3人为候补执委。

绥远和平起义中的两份电文

1949 年 9 月 19 日，国民党绥远省政府主席董其武部，根据毛泽东主席提出的“绥远方式”，经过多方努力，率部 6 万余人举行起义，脱离国民党政府，和平解放绥远。绥远的和平解放，对当时全国尚未解放的地区起到了独特的示范作用，开创了解放战争取得决定性胜利后，人民解放军解决残余国民党军队的一种新的方式。这种方式的作用在于使人民解放军能集中力量解决主要方面的敌人。这对加速全国解放和建设新中国的进程，都产生了积极而深远的影响。本文为收录于《包头文史资料选编第 14 辑》的《董其武将军等 39 人“九一九”起义通电》以及展示于集宁战役纪念馆的毛泽东、朱德于 9 月 20 日的复电。

董其武将军等 39 人“九一九”起义通电

毛主席、朱总司令、聂司令员、薄政委：

我们全体官兵和各级行政人员，今天在绥远发动了光荣的起义，并庄严的向人民宣布：我们正式脱离依靠美帝国主义的蒋介石、李宗仁、阎锡山等反动派残余集团，坚决走到人民方面来，绥远和平解放，我们得庆新生，全体军民谨以无限忠诚，向人民领袖毛主席、朱总司令致崇高的敬礼。

北平和平的成功，启示了我们：和平是全国人民迫切的要求与愿望；

教育了我们：过去戡乱的政策是错误的；提醒了我们：惟有在中共领导下，团结各民主阶级、各民族，建立人民民主统一战线，为人民服务，才是对的。因此北平和平之后，我们迫切的愿望，就是期待由北平和平促成全国人民一致要求的和平，在中共领导之下，迅速开始新民主主义的建设。但是事实一天一天证明，反动派没有丝毫的觉悟和悔改，而是变本加厉的投靠帝国主义，乞怜于帝国主义。反动派和人民的愿望是完全相反的，人民要和平，反动派正是处心积虑的破坏和平。阎锡山断送了山西人民的生命，从太原飞到广州，当了反动的行政院院长，狂吠所谓“日本复兴中国论”，积极从事与日本军国主义反动派勾结，阴谋引导日本强盗再来侵略中国国土，再来屠杀中国人民。

我们参加过辛亥革命，我们参加过大革命战争，我们尤其自始至终坚持对日抗战，热血洒遍长城各口。民国二十二年长城抗战中，当无耻的何梅协定正在签字的时候，也正是我们在怀柔附近对日本侵略者西义一师团坚强奋战并予以严重打击的时候；继此之后，我们在绥东抗战，向百灵庙日本侵略内蒙的根据地袭击；七·七全面抗战展开后，我们参加了平绥线的南口战役，山西的平型关会战，忻口会战，太原守城，文水、交城、离石各战役，绥南战役反攻包头，克复五原。我们虽然缺乏武器，缺乏弹药，但我们打到底；我们虽然吃过马料，吃过沙土，但我们为了民族复兴，国家独立，坚持到底。我们绥远人民在抗日战争里，食不果(裹)腹，衣不蔽体，一切的节约供（贡）献了抗战；我们绥远人民，拿出了生命热血，用一切的力量支持了抗战。我们的抗战目的，是为了打倒帝国主义，争取中国独立、民主、自由、和平、富强。今天反动派却又勾结日本强盗，来屠杀中国的人民，我们愤慨，我们抗议，我们坚决的反对。国民党反动派可曾想过革命的三民主义的目的是什么？全民族八年苦战牺牲了无数生命财产又是为什么？这样倒行逆施，将何以对孙中山先生！将何以对死难先烈！

这一切事实教育我们，使我们看明白：反动派已经走到了死亡的末路。在过去，反动派与帝国主义勾结，还要用些花言巧语来欺骗人民。到了反动派临近死亡的时候，他们就再也顾不得什么羞耻，只有原形毕现的匍匐在帝国主义的脚前，摇尾乞怜，妄图作垂死的挣扎。

这一切事实教育我们，使我们从蒙蔽中清醒过来，看明白反动派和人民的利害是相反的，和革命的利害是相反的。反动派和帝国主义的利害、和官僚买办资本家的利害、和封建地主的利害，原来是完全一致的。

这一切事实教育我们，使我们明白，这些封建残余、官僚买办资本家、帝国主义奴仆，三位一体的中国反动派，是孙中山先生革命的三民主义的叛徒，是卑劣无耻的出卖民族的败类。

我们既然从蒙蔽中明白过来，从苦闷矛盾中解脱出来，我们就再也没有理由替这些自私自利无羞无耻的反动派作战；我们就再也没有理由违背革命的初衷，自毁抗战的光荣，而为反动派效力；我们就再也没有理由跟着反动派殉葬，而必须坚决的脱离反动派残余集团，来向人民靠拢，来为人民服务。我们于北平和平之后，经过半年来的自我反省，自我教育，确切认定：中国人民民主革命，必须是以无产阶级为领导，工农联盟为基础，团结各民主阶级及中国境内各民族，建立人民民主统一战线，共同努力，才能彻底完成。这个方向是完全正确的。我们深深感到，只有在这个总的方向之下，努力奋斗，才能达成人民的愿望，才能符合我们革命抗战的光荣历史。我们现在就是依照这个正确的方向发动起义，实现绥远和平，脱离蒋介石、李宗仁、阎锡山等反动派残余集团，坚决走到人民方面来。在中国共产党领导下努力学习，自我改造，和全国人民一起，来粉碎帝国主义侵略中国的任何阴谋，消灭反动派一切残余势力，实现新民主主义，即革命的三民主义，和平建设新绥远，和平建设新中国。我们热切期望人民领袖毛主席、朱总司令及各界民主人士指导我们，教育我们，使我们能在新社会中忠实的为人民服务，让我们高呼：

中华人民民主共和国万岁！

毛主席、朱总司令万岁！

毛泽东、朱德给董其武等复电

董其武将军及在贵将军领导下的绥远军队全体官兵、政府工作人员和各界同胞们：

看了你们九月十九日的声明，你们的立场是正确的。自从傅作义将军领导北平和平解放后，人民表示欢迎，反动派表示反对。反动派还企图破坏绥远人民和平解放的努力，但是终归失败。你们已经率部起义，脱离反动派，站在人民方面了。希望你们团结一致，力求进步，改革旧制度，实行新政策，为建设人民的新绥远而奋斗。

毛泽东

朱　德

一九四九年九月二十日

附录二

京绥铁路革命活动大事记

（1903—1949）

京绥铁路的修建和早期铁路工人的活动（1903—1920）

1903 年

清政府商部颁布《铁路简明章程》，鼓励商人（民族资本家）以私人资本兴筑铁路。

商人李明和、李春、张锡玉等相继禀请商办京张铁路，均被清政府以“该商股本不可持”“无切实办法”为由予以驳回。

1905 年

清政府批交商部议处，批准官办京张铁路的奏请，决定提拨关内外铁路余利作为工款，以“国人国款，不赖外人”为原则，自行修筑京张铁路。

5 月 3 日

詹天佑接到袁世凯札，令其对京张段铁路进行测量。

5 月 10 日

詹天佑率工程员张鸿诰、徐文洞 *，从丰台向东的柳村（津芦铁路 60 号桥）起勘测京张铁路，往程经南口、关沟至张家口，返程经延庆、小张家口、明陵测至沙河（避开关沟段），8 月告竣，以权衡比较，决定采

* 徐文洞：又名徐士远，山海关铁路工程学堂毕业的工程学员，我国近代铁路工程专家之一。

用通过关沟的线路，全长 201.2 公里。

6 月 15 日

设立京张铁路总局和工程局，派陈昭常为总办，詹天佑为会办兼总工程师。调集各路工程技术人员筹备修路事宜，开国人自办铁路之先例。

7 月

京张铁路总局设立于天津，隶属商部；分局和工程局设于北京；在北京设立了材料厂；丰台设立了购地所。

10 月 2 日

京张第一段工程（丰台柳村—南口）开工修筑。

12 月 12 日

丰台开始铺轨，詹天佑打入第一根道钉。

1906 年

8 月

于南口设置铁路机车车辆修理工厂，车库为简易遮蔽棚，可容机车 1 台，命名为“京张制造厂”。

9 月 30 日

京张铁路第一段（丰台—南口）竣工通车，长 50 公里。第二段（南口—岔道城）随即开工。

1907 年

2 月

京张铁路第二段工程紧张施工，长 16.5 公里，经关沟天险，开凿四座隧道（总长 1645 米），其中八达岭隧道长达 1091 米，并创造性地修筑了“人”字形折返线路和双机牵引，爬上33‰坡道。

5月

京张铁路总局总办陈昭常调任吉林巡抚，詹天佑升任总办兼任总工程师，并受命为邮传部路务议员。京张铁路总局由天津迁至北京，张家口设工程处。

1908年

4月14日

居庸关隧道贯通。

5月22日

京张线关键工程——八达岭隧道贯通。

7月

唐山制造厂制摩格尔（Mogul）型2-6-0机车上线，使用于丰台—南口间，牵引定数450吨。

8月

筹划展修张家口经大同至绥远的铁路，设工程局于张家口。

9月

京张线第二段（南口—岔道城）工程竣工通车，第三段工程（岔道城—张家口）铺轨。

10月

英制马立特（Mallet）型0-6-6-0跑山机车上线，使用于南口—康庄间，牵引定数100吨。

10月12日

张绥铁路开始初测，由工程师俞人凤负责测量工作。

12 月

清政府同意展筑张绥铁路。

1909 年

2 月 6 日

康庄至怀来竣工通车。

3 月 3 日

怀来至下花园竣工通车。

5 月 27 日

下花园至宣化竣工通车。

7 月 4 日

京张全路铺轨完成。

9 月 19 日

京张线全部竣工，清政府邮传部尚书徐世昌在詹天佑陪同下，乘火车视察全线工程。

9 月 20 日

张家口站为京张铁路修通举行庆祝茶会，招待当地官商各界。

9 月 24 日

京张铁路全线正式通车，全长 201.2 公里。全线工程历时四年，路款 693 万两（白银），较原计划缩短工期两年，节资 4%。

10 月 2 日

在南口举行京张铁路通车典礼，参会中外来宾一万多人，邮传部尚书徐世昌及驻华在京、津各国使节均乘特备专车到南口参加典礼。

同月，张绥铁路自张家口向西展修开工，全长 467.1 公里，在张家口设立张绥铁路局，筑路资金仍由关内外铁路余利中支付，本路进款亦随时筹补。

同月，麦克豆（Mikado）型2-8-2式机车上线，使用于丰台至南口、康庄至张家口之间，牵引定数为720吨。

1910年

9月

张家口设置铁路机车修配厂。

10月

张家口至柴沟堡段竣工。

1911年

9月

张绥铁路局改设张绥铁路工程总局，与京张铁路总局分立。

10月

柴沟保至阳高段竣工。武昌起义，辛亥革命爆发，路工被迫停止。

1912年

9月

孙中山视察京绥铁路，在张家口接见了铁路局工作人员，询问了京绥铁路施工情况。

10月

京绥铁路于阳高继续开工西修。筑路经费由京张路运营收入中提取，并首次发行债券。

1913 年

1 月

京张、张绥两铁路工程局合并，称京张张绥铁路总局，隶属交通部。全路员工 2973 人，其中职员 824 人，工人 2149 人。

1914 年

1 月

阳高至大同段竣工后通车。

11 月

京绥铁路第一次短期借款。此款为大同至丰镇段路工,计划 30 万元，应募者踊跃，按期还付。

1915 年

6 月

京绥铁路第二次短期借款计划 100 万元，此款为大同至丰镇段路工，应募者踊跃，按期还付。

9 月

大同至丰镇段竣工后通车。

受第一次世界大战影响，筑路工程中断。

1916 年

1 月 28 日

交通部合并京张、张绥铁路总局，改称京绥铁路管理局，局址在北京冰窖口胡同。

6月

京绥铁路第三次短期借款，此款为“扩展新工”，计划100万元，月息7厘。

10月12日

交通部公布京绥铁路管理局编制专章，共十一条，局内设四个处、十六个课。

1917年

9月

交通部批准京绥铁路管理局局长丁仕源修筑大同至口泉支线（当时称运煤支线）的计划，由工程师柴俊畴担任勘测。

1918年

9月1日

口泉支线竣工，全长19.18公里。

10月1日

京绥铁路管理局利用发行短期公债款，投资17万元兴建宣化支线（宣化—水磨），为运输烟筒山铁矿砂的专用铁路支线，全长9.12公里，12月完工。

1919年

1月

京绥铁路口泉支线正式通车。该线从大同到口泉，长20.6公里，于1917年12月开工。又为便于运送矿石，从宣化到烟筒山铁矿区的支线也同期开工并完工，长 9.1 公里，这是龙烟铁矿公司修建的一条轻便铁路。

3 月

停工长达 4 年之久的京绥铁路西段，开始筹备整顿，向绥远展筑。

4 月 24 日

詹天佑在汉口仁济医院病逝。第二年，京绥铁路管理局与中华工程师学会共同议定，在青龙桥车站右侧立詹天佑铜像。

5 月

北京大学进步学生经常去长辛店铁路工厂与工人们联系，在那里办起“民众识字班”，向工人宣传反帝爱国的道理，五四运动的新思潮逐渐涌向京绥铁路。

同月

长辛店的留法预备班，党员养成所（长辛店铁路工人的技工训练班）和车务见司所（行车人员训练班）的学生，参加了天安门前的反帝爱国群众大会。

11 月

丰镇至苏集段竣工。

1920 年

1 月

大同至平地泉段竣工通车。

1 月 1 日

京汉、京绥两局合并，称京汉京绥铁路管理局。

3 月

北京大学成立了马克思学说研究会，由李大钊领导，派出邓中夏、何孟雄、高尚德、朱务善等同志，到长辛店铁路工厂，开展革命工作，并把这里作为北方工人运动的基地。

7月21日

京汉京绥铁路管理局，又分开恢复原两局建制。

建党初期京绥铁路工人运动的兴起（1921—1923）

1921 年

4 月

京绥铁路修建接近终点——绥远省会归绥时，绥远各界人士倡议，归绥与包头“相距甚远，水路咸宜，急应展筑”。交通部同意，命铁路管理局提出展修绥包段计划。

同时交通部又以年息 9 厘的高额利息，向日本再次借款 300 万元，至此，京绥铁路共负债 3000 多万元。

5 月 1 日

长辛店机车厂工人俱乐部成立，京绥路一些工人前往庆贺，并与北京共产党早期组织成员接触。

同日

铁路修到归绥，京绥铁路全线通车。

5 月 11 日

京绥铁路上第一次出现了机匠工人（火车司机、司炉）对站长违反路章不亲自接送路签而屡致重大撞车事故不满而举行的罢工斗争，历时一天取得胜利，后称此次行动为“路签事件”。

6 月 22 日

京绥铁路机务工人 1000 多人，为抗议薪水过低和段长王弼擅自下令取消司机、司炉晋升章程，举行罢工，取得胜利。

8月

中国劳动组合书记部在上海成立，党公开领导工人运动。

10月

张家口铁路机车修理厂工人在张家口桥东忠厚里召开大会，成立精业研究所。

12月13日

京绥铁路工人因反对局长陈世华和会计处处长李懋勋贪污腐败和拖欠工人薪水，举行了全线大罢工。交通部迫于罢工声势，撤去局长和会计处处长的职务，补发了员工的工薪。工人于18日复工。

12月20日

何孟雄同志来到张家口，调查了解工人运动情况，并向工人发表了演讲。从20日至26日，何孟雄在张家口走访了六七天，翌年1月他以“之君”的笔名，在《工人周刊》刊登《京绥路六日游》，阐述了京绥铁路工人的斗争情绪和组织工会的要求。

1922年

年初

京绥铁路机务工人精业研究所成立，本部设于南口，分所设于西直门、康庄、张家口、大同、平地泉、归绥等站。它的任务是救济失业、补充文化、研究机务和开展储蓄等。

5月

张家口站员司洪谭，工人李泽、李连升、胡殿祥、洪柱等自发组成“京绥铁路车务同人会”，并发表了宣言。

6月12日

交通部部长高恩洪屈于帝国主义逼债压力，与美国太康洋行签订了提高利息、举荐会计、监督收入，以京绥路权作抵押为内容的丧权辱国的“展期合同”（工人称“亡路合同”），激起了全路职工的极大愤怒，纷纷举行集会抗议，掀起反对“亡路合同”的斗争。

7月

劳动组合书记部派何孟雄到京绥铁路，了解车站、机务段工人生活状况，并走访机务段精业研究所负责人，在工人中传播进步思想。何孟雄在张家口经过调查后，决定改组“车务工人同仁会”，把员司清洗出去，成立只有工人参加的车务工人同人会，总会设在张家口，全路设八个分会，公推李连升为会长，李泽为副会长，何孟雄为秘书长。大同以西丰镇、平地泉、归绥也成立了分会。车务部门1500多名工人都是同人会会员。

8月6日

京绥铁路工人和员司召开大会，全路组成“救国护路团”，各站纷纷集会，张贴标语、散发传单，抗议反动当局的卖国行为。

8月7日

由林竞等13人组成的“救国护路团”，到北京铁路总局请愿，向交通部呈文，揭露高恩洪与太康洋行签订的亡路合同，并发表《京绥路同人反对交通部丧权之宣言》。交通部无视工人们的请求。

8月19日

京绥铁路500余人到北京京绥铁路管理局集合，声明在“亡路合同”取消之前与交通部脱离隶属关系，并向交通部发了最后通牒。

8 月 21 日

京绥铁路工人组成的请愿团在北京举行游行示威，到北洋政府众议院、参议院、总统府请愿，并通电全国揭露“亡路合同”真相，得到全国各族各界人士的广泛支持和声援。

8 月 31 日

北洋军阀政府交通部慑于全国各界人士的反对，被迫取消“亡路合同”，维护了京绥铁路管理权，这次斗争在共产党领导下取得了胜利。

9 月

京绥铁路当局借口战争影响，铁路入不敷出，已欠发职工 8 个月的工资，车务工人同人会派代表三次向铁路管理局请愿均被拒绝。

10 月 27 日

京绥铁路车务工人在何孟雄领导下开始总罢工，向铁路管理局提出补发欠薪、增加工资等 11 条要求，还散发了《告各界同胞书》和《罢工宣言》，罢工经过三天斗争，取得胜利。

这次罢工斗争，是在劳动组合书记部成员何孟雄领导下，有组织、有策略的统一行动，影响很大，意义深远。

11 月 20 日

全国铁路工人代表大会在北京香山卧佛寺召开，京绥铁路选派代表参加，会议由邓中夏主持。大会讨论通过成立全国铁路总工会筹备委员会，决定于 1923 年成立全国铁路总工会。

11 月

车务工人大罢工胜利后，何孟雄在京绥铁路上建立党组织，发展车务工人李泽、李连升等为中国共产党党员，建立第一个党小组，当时称“劳动组合小组”，后又称“工运小组”，小组长由李泽担任。

12 月 27 日

在共产党的领导下，京绥铁路各部门选派代表在张家口召开会议，讨论成立“京绥铁路总工会筹备会”，并挂出筹备会的牌子。

12 月

包绥段铁路全面竣工，全长 147.8 公里。

是年

南口至康庄间首次使用美制大马力型 2–8–8–2 机车，重 289.67 吨，牵引定数：上行 450 吨、下行 260 吨。

1923 年

元旦

京绥铁路全线通车，在包头站举行开站典礼。京包铁路全线共长 817.9 公里，大小车站 66 个。

1 月

京绥铁路全线通车后，京绥铁路西段的工会组织和工人运动蓬勃开展。赴郑州参加京汉铁路总工会筹备会的代表中，归绥地区有胡珍、周振声两名。

2 月

京汉铁路工人运动和总工会的成立，遭到军阀吴佩孚的血腥镇压，2 月 7 日发生了震撼全国的二七惨案。各地工运受到挫折，全国工运趋向低潮，京绥铁路总工会的成立暂时中止。

3 月

全路发起对京汉路受害工人及家属的慰问和支持活动，筹集钱、衣物交由中国劳动组合书记部代转。

4月—5月

何孟雄等工运领导仍然往来在京绥路上，工会活动照常进行，为京绥铁路工人运动的发展积蓄了力量。

12月

年终统计京绥铁路职工人数为16230人。

大革命时期京绥铁路工人运动的发展（1924—1926）

1924 年

2 月 7 日

全国铁路工人代表大会在北京召开，大会宣布全国铁路总工会的成立，产生了全国铁路总工会执行委员会，孙云鹏为委员长，会址设在北京。

2 月

京绥铁路支部成立，成员有何孟雄、李泽、王仲一、杨干等，受铁总党组织领导。

7 月

何孟雄受党组织委派，以全国铁路总工会特派员身份第二次来到京绥铁路，着手恢复工会工作，为成立京绥铁路总工会做准备。

1925 年

2 月 7 日

全国铁路总工会第二次全国代表大会在郑州召开，京绥铁路派代表大同杨风楼，归绥魏化池、周振声参加大会。大会通过了十项决议和工会章程，为铁路工运指明方向。

5 月 1 日

京绥铁路总工会在张家口召开成立大会，大会通过了工会章程，选举何孟雄为秘书长，杨干、李连升为副委员长，李泽、蒋德元、徐宝山、胡珍、王金库等为委员。总工会仍设在张家口，下设西直门、南口、康庄、张家口、大同（分会长杨风楼）、平地泉（分会长魏化池）、归绥（分会长胡珍）、包头（分会长陈洪山）八个分会。

6 月

京绥铁路总工会建立工人俱乐部，地址在张家口宝善街 73 号，出刊《工人》半月刊，并组织工人开展文娱活动，成为团结、教育工人的重要阵地。

京绥铁路总工会组织起工人纠察队，巡逻、放哨、维持治安，当时称“工人第二政权”。

京绥铁路总工会发出通电，愤怒声讨日本帝国主义制造五卅惨案的滔天罪行和支持南方省港大罢工斗争。

党组织调何孟雄回北京，王仲一接任京绥铁路总工会秘书长，同时派萧子暲（萧三）、于大奎等几位党员来到京绥铁路各地区，建立党团组织，成为工人运动的领导核心，全线组成分工会、工会小组一百多个。

11 月

内蒙古农工兵代表大会由李大钊同志亲自主持，在张家口召开，以京绥铁路总工会为基干。李烈钧、赵世炎、徐谦、韩麟符、谭平山，以及内蒙古的吉雅泰、李裕智等同志当选为工农兵大会执行委员，大会接受了共产党的主张，团结各阶层、各民族走向革命。

12 月 12 日

京绥铁路大同分工会领导大同铁路工人进行了撵跑机务段反动头目董伯川和反对用山西票开支的斗争，都取得胜利。

12 月

京绥铁路工人要求铁路管理局发还 7 个月欠薪，由工会委员交涉未果。18 日，南口、张家口、大同、归绥铁路工人开始罢工，后经调停，补发了 4 个月的工资，罢工才告结束，后称此次行动为“二次索薪运动”。

1926 年

2 月 7 日

中华全国铁路总工会第三次代表大会在天津召开，18 条铁路的 58 位代表出席大会，代表全国 21 万铁路职工。大会是在北方区委领导下进行的，区委书记李大钊到会讲话。

3 月

京绥铁路总工会在张家口召开各分会委员会及秘书联席会议，讨论中国革命形势与当前工人运动的任务，明确提出“反对帝国主义”“反对封建主义”的政治口号。

4 月

京绥铁路总工会积极支持冯玉祥领导的国民军反击奉系军阀，他们组织交通维持队，随军出发，修复被损害的铁路、桥梁，输送军事车辆和弹药。

夏天

京绥铁路西段地区产业工人建立了工人夜校、俱乐部，工人们接受马列主义教育，政治觉悟提高，相继组成工会。党派路作霖同志来到归绥车站与归绥、包头分工会的同志领导这一带的工人运动，并组成地区的产业工会，由徐伯濮负责，归绥车站代表为杨江汉和王贵两位同志。

7月

中华全国铁路总工会发出赞助北伐的通电。京绥铁路工友一面积极支援反奉战争，一面支援北伐，争取国民革命成功。

9月

冯玉祥国民革命军西撤，京绥铁路总工会组织交通维持队，由杨干担任大队长，随军出发。工会委员蒋德奎等会同绥远工委的同志，随军转战在内蒙古西部地区。

土地革命战争时期平绥铁路工人革命斗争的艰难历程（1927—1937）

1927年

3月28日

绥远省党团、工会、农民协会五千多人，发动以反清丈土地为内容的群众运动，在归绥的孤魂滩集合，由路作霖、杨曙晓、刘进仁率众前进，砸毁了地亩局和县政府，铁路工人担任突击队，迫使绥远都统商震接受群众提出的取消苛捐杂税、撤换贪官污吏的要求，这次群众运动取得了胜利，称为“孤魂滩事件”。

12月

绥远省特别支部成立后，联络30多名转入地下的党员，重新组织革命力量，恢复了一批党的基层组织，在归绥组建了三个支部：城市支部、手工业支部、铁路支部。其中归绥铁路支部于12月成立，汤江汉任书记，王贵、晓宏为委员。

1928年

夏

国民党御用的官办工会在京绥铁路筹备成立，搜罗了一批工贼、特务来监视和压榨工人，工人们不愿和他们接近，称为“黄色工会”。

6月

北京改为北平，京绥铁路改称平绥铁路。平绥路赤色工会拥有会员1400余人。

10月初

北方局派中华全国铁路总工会常务委员萧明同志和平绥铁路工会副主席杨干秘密来到平绥铁路，召集积极分子恢复工作。秘密建立组织，成立公开的“储蓄所”和秘密的赤色工会小组抵制“黄色工会”。

10月

国民党的“黄色工会”改变花样，准备成立“工整会”和“工会联合会办事处”等，胁迫工人参加。赤色工会小组利用工人聚集的机会，揭露他们的阴谋，反对“黄色工会”，斗争取得胜利。

1929年

1月9日

国民党御用工会屡遭挫败，工贼、叛徒走投无路，因而施行大搜捕，逮捕赤色工会领袖杨洪涛、杨干、杨风楼、杨会森、裴子衿等人入狱。

10月26日

国民党反动政府悍然公布了反动的“工会法”，限制各种工人活动。

10月底

平绥铁路当局在张家口第二次成立“黄色工会”——“平绥路工会联合委员会”，胁迫工人参加。

11 月

平绥铁路西段迭遭水害及灾荒，赤色工会发动工人赈济支援，筹集许多食品、衣物送去。

平绥路新旧欠薪达 17 个月之久，每月工资不能正常发放，工人不堪压迫，自动结合串联全线，各站代表聚集张家口举行全路代表大会，选出代表去北京请愿，爆发了一场团结斗争，请愿索薪运动。但由于“黄色工会”的代表从中阻挠破坏，这场斗争未能胜利。

12 月

中华全国铁路总工会针对平绥路工运斗争情况，提出了《斗争纲领和准备恢复平绥铁路总工会的意见》。

1930 年

9 月

“黄色工会”终因不受群众欢迎，又被瓦解。原平绥铁路总工会逐渐恢复。

11 月 19 日

中华全国铁路总工会为平绥铁路总工会成立后的工作问题致函，指出正确的策略为“纯洁组织，建立基层组织，成为群众斗争的指挥机关。目前斗争应以经济斗争为主”等，并指出“主要任务是组织罢工，中心工作是建立赤色工会，打倒‘黄色工会’”。

1931 年

4 月

国民党平绥铁路特别党部第三次组织“平绥铁路工会”（仍是“黄

色工会”），总会设在张家口，对工人采取硬性编进工会名册，并拉拢、利诱赤色工会委员与他们合作，遭到严词拒绝。

9月

九一八事变后，平绥铁路工人在中国共产党领导下，举行游行示威。张家口、大同等地工人们积极响应，行动一致。游行队伍走到国民党特别党部和“黄色工会”门前，一拥而入，把两个反动巢穴砸得稀烂，并在门前挂上了“工人自己工会”的牌子。原京绥路总工会的骨干和领导，公开出来领导工人运动。工人们与“黄色工会”的斗争，取得彻底胜利。

1932年

6月

在共产党领导下成立了绥远省反帝大同盟，由苏谦益、杜如薪、马麟等同志负责。以归绥、包头地区车站、扶轮小学为联络点，向群众宣传抗日，铁路工人在车站写标语、散传单，鼓动群众抗日救国。工人运动掀起新高潮。

1933年

5月

在共产党领导下，平绥铁路东段各族、各界群众，在张家口组织起“御侮救亡会”，沿线整顿、健全分工会和工会小组，重建了工人纠察队，后改称“铁路纠察团”，参加御侮救亡活动。

8月

平绥铁路总工会在张家口召开代表大会，平绥铁路总工会恢复。选举王建藩为委员长，下设组织、宣传、总务、青工等机构，全路工会恢复活动，号召全线职工开展抗日救国运动。

刘仁、吉合、梁一鸣等在包头组建了绥远省特别委员会。之后建立了包头铁路党支部，张廷珍任书记，裴凤山、陈正平等 5 人为支部成员。同时还成立了 50 多人的赤色工会小组。

9 月

吉鸿昌、方振武一部撤离平绥铁路。许多铁路工人随军撤离，转战察绥一带。

10 月 25 日

奉系军阀的部队开进平绥路，党领导的工人运动又陷入白色恐怖之中。

1934 年

4 月 25 日

平绥铁路整理债务，和“东亚兴业株式会社”商定采用“一本一息”的整理办法。核定本金 520 万日元，利息也是 520 万日元，每月偿还 1.74 万日元，40 年内还清。

5 月

反动军阀开进平绥铁路后，运输秩序极其混乱，任意扣留车辆、克扣工人工资，工人稍加反对即遭毒打。工人们秘密商议去铁路管理局请愿，不料泄密，工会委员常金风、孟昭瑞被当场抓走。这两位共产党员在狱中坚贞不屈，被枪杀于张家口清河桥下。总工会的组织遭受破坏，工人运动转入潜伏阶段。

7 月—8 月

平绥铁路管理局局长沈昌，邀请冰心、吴文藻、雷洁琼、顾颉刚、郑振铎等知名学者教授组成“文人旅行团”乘火车游览平绥铁路沿线的北平、察哈尔省、山西省和绥远省等地，开展社会、文化、政治、民族等方面的考察，并以文字记录下旅途中所见、所闻与感想，介绍平绥铁路沿线的古迹、物产、风俗及沿途的见闻，客观上推动了日后“开发西北”和抗日救亡热潮的形成。

1935年

日寇派遣“铁道班”专业人员潜入平绥铁路，对全线运输、车辆、通信、保安、工务、营业等状况进行详细调查，窃取了大量技术、设备资料，先后写成《平绥铁路概况》《平绥铁道调查报告》，为其扩大侵华做准备。

1936年

11月—12月

在绥远抗战中，平绥铁路工人联合同蒲、正太铁路工人以实际行动支持抗日前线。积极运送抗日军队和物资，铁路工厂和车间还为军队制作了钢盔等军械。

全民族抗战时期平绥铁路工人的英勇斗争（1937—1945）

1937年

7月7日

日本侵略军借口一个士兵失踪，炮轰宛平城和卢沟桥，悍然发动卢沟桥事变，当地中国驻军奋起抗战，全民族抗战由此爆发。

7月8日

中共中央发表抗日宣言指出：“平津危急！华北危急！中华民族危急！只有全民族实行抗战，才是我们的出路！”

7月29日

平绥铁路交通中断。

8月

日军向平绥铁路进军，康庄机务段铁路工人将多台大型机车连接起来，炸毁于八达岭山洞内，阻止敌军进路。

8月27日

日军占领张家口，张家口沦陷。

9月

日军向平绥铁路西段进攻，13日大同沦陷，27日集宁陷落。

10月

11日，日、伪军兵分三路从集宁沿平绥铁路向西进军。14日，国民军守军乘火车向西撤退，伪军到达白塔站，归绥沦陷。

17日，平绥路的终点包头沦陷。至此内蒙古西部地区的重要城镇和乌兰察布盟、锡林郭勒盟全部以及主要交通线平绥铁路相继沦陷。

张家口陷落后，“满铁”派遣队到张家口接管铁路。

12月

日军占领平绥铁路后，为恢复铁路运输，四处抓捕、威胁、恐吓铁路工人复工，11日全线勉强恢复通车。

1938年

5月14日

毛泽东电示八路军总司令朱德、副总司令彭德怀以及贺龙、关向应等，明确指出：“在平绥路以北大青山脉建立游击根据地甚关重要，请你们迅即考虑此事。”

8月—9月

经过周密的侦察、部署和一系列的准备，8月31日夜间，大青山支队司令员李井泉带领大部队，从旗下营站和三道营站之间安全穿过平绥铁路，9月1日，到达预定地点大滩和甘沟子，把抗日的红旗插到大青山上。

八路军大青山支队三团王尚荣团长和陈刚营长率领三营主力奇袭陶思浩站，歼灭日、伪军一百多名，击毁了大部分武器，缴获机枪一挺，长短枪数十支，子弹数万发。

1939年

3月

绥远省委在大青山正式成立，并组成土默特工委，在绥包地区秘密开展抗日斗争。在归绥组成“绥蒙各界抗日救国会”，以车站、扶轮小学为联络点，在铁路工人中开展抗日救国活动。平绥铁路工人救国会为配合部队的行动，秘密地运出一批破坏铁路所需工具，并参与破坏铁路的行动。

4月17日

日军加紧控制铁路运输，成立“华北交通株式会社”，管辖华北五条主要干线，各局主要领导多为日本人，平绥铁路属“张家口铁路局”管辖。

6月7日

为掠夺铁矿资源，日营“华北开发株式会社”接管庞家堡铁矿，开工修建宣化庞家堡支线。

7月

日军为掠夺煤炭资源，抓捕500名劳工，修建包头至石拐煤炭支线。

9月

日伪政权“蒙疆联合自治政府”成立，从南口以西至包头的平绥铁路都在其辖内，归绥市改名“厚和市”，车站随之更名改为“厚和站”。

12月

日军在平绥铁路搜捕“嫌疑分子”，捕去很多铁路上经验丰富的老专家，如陈文矿、高文藻、卢永春、吴文蕴等，工厂技师卢永春死在狱中，有一些老铁路工人也被抓、被打、被害。

冬

在党的领导下，平绥铁路职工开展了对敌斗争，东段延庆大队派刘红兰以康庄扶轮小学为据点进行抗日活动；大同地区由杨干、刘林远等同志在铁路工人的掩护下活动，杨干还利用在乡村行医卖药，刺探敌人行动情报；归绥地区由刘洪雄等同志在车站工人中开展活动。

是年

平绥铁路工人不堪日本帝国主义的压迫，纷纷起来抵抗，制造各种行车事故。

1940 年

1 月

日本人对中国铁路工人开始实行粮食“配给”制度，每月由铁路分配少数粮食。

4 月

大青山骑兵支队在包头、归绥、集宁间的铁路线上开展游击战，破坏铁路十余公里，炸毁桥梁十余座，拆毁电话线数十里，致使平绥铁路西段多日不能通车。

春天

铁路工人积极配合大青山根据地的游击队开展活动，大同、丰镇、平地泉、三道营、归绥、萨拉齐、毕克齐等铁路工人为游击队提供了运输情报，采购粮食、药品、物资，配合游击队破坏铁路桥梁、线路。

7 月

归绥地下爱国组织“绥蒙各界抗日救国会”遭到敌人破坏，领导人刘洪雄壮烈牺牲。在日军大搜捕当中，铁路工人任全、于清泉、范玉栋等同志不幸被捕，范玉栋牺牲于狱中。

夏天

绥远省委成立城工部，归绥、包头都有，城工部的同志到铁路上以铁路职工的公开身份秘密进行活动，他们冒着生命危险，坚持敌后工作，直到全国解放。

1941年

3月

三道营站工人韩福林到大青山找到八路军驻地，带领部队来到三道营站打击了日、伪军，缴获了一大批武器弹药。

5月

归绥、萨拉齐、包头车站脚行（装卸工）先后出现不上班的斗争，使货物堆积，打击了日本人的嚣张气焰。

日本帝国主义对中国工人残酷压榨，中国工人不能继续忍受。平绥铁路工人由消极抵抗转到公开和敌人斗争。

下半年

日、伪军给中国人的粮食越发粗劣，无法食用，铁路很多单位拒不领粮、退粮罢工，大同机务段司机王寿山因打发粮的日本人被抓。张家口大厂徒工王森岭不领粮被抓，各地各单位都有这样的情况，表现了铁路工人英勇不屈的斗争精神。

1942年

2月

日军调集了两万多军队，采取“铁壁合围”战术，向大青山游击队根据地进行“大扫荡”。归绥、台阁牧、毕克齐车站工人，向游击区通风报信。游击队主力从旗下营突围转移，保存了抗日武装的实力。

4月

华北与绥蒙的粮食和商品严重缺乏，铁路上跑买卖之风愈来愈盛，日本警察署和伪蒙军调来一批流氓暴徒，在车站上对旅客拳打脚踢，横抢明夺。他们右臂上戴白袖章，人们叫他们“白箍”。铁路工人对他们恨之入骨，和他们展开斗争，时间不长“白箍”即撤去。

1943年

7月

全国各地抗日战争形势好转，抗日活动和规模日益扩大，平绥铁路察南、晋中以及大青山游击队，由化整为零的隐蔽斗争，逐渐转为集中兵力公开出击敌人，捷报传来，铁路工人很受鼓舞。

1944年

是年

日军经几次平绥铁路上的大规模“围剿”“扫荡”失败以后，已力不从心，八路军开始了战略反攻。铁路工人也奋起反抗，积极配合地方武装，破坏铁路运输，致使关沟段四次列车颠覆，“放扬”（溜放）和机车相撞三次，死伤日军200多人，报废机车车辆40多台。

秋

平绥铁路沿线人民武装纷纷出击敌人，他们以车站为据点，以铁路工人为联系人。大同、归绥、包头地区的绥蒙军区和城工部、地工人员在铁路各地开展活动。铁路工人们都准确、详细地提供情报，协助他们消灭敌人。

毕克齐至察素齐间、沙城至怀来间，游击队劫持列车，打死乘警，抢去日寇的物资，对全路各地影响很大。

12月

铁路工人的抗日斗争更加英勇，破坏铁路300多公里、桥梁20余座、车辆百余台，打乱了日寇运输秩序，有力地牵制敌人，粉碎了敌人在绥远省内推行的“施政跃进运动”，向大青山游击队“扫荡”的战略阴谋。

1945年

4月

日本把华北的铁路部门改为军事管制，“张家口铁路局”改为“张家口地方交通团”，设有防卫部、情报部等，但也没能制止平绥铁路工人和沿线人民的武装斗争。

8月12日

绥蒙军区发布命令消灭日、伪军，准备占领归绥及其他城镇。

8月14日

毕克齐解放。

8月15日

日本宣布无条件投降。

8月17—23日

“苏蒙联军”出兵中国察北一带，攻打日本侵略军。绥中游击队占领了归绥以东平绥铁路线上的旗下营、陶卜齐、白塔等车站，归绥已完全被八路军包围。18日凌晨，归绥地区被国民党军占领。19日，日军乘火车逃往北平。22日，平绥铁路战略支点集宁、丰镇县城和车站均得解放。23日，张家口解放，宣告了伪蒙疆政权的彻底覆灭。

8月20日

集宁解放，成立平绥铁路西段管理处，蔺子安担任处长，向铁路职工发布安民告示，号召大家照常上班，坚守原来的岗位，为军事运输和人民生活的需要，迅速恢复通车。

8月

在中国共产党领导下，全国人民经过艰苦奋战，赶走日本侵略者，取得了抗日战争的伟大胜利。

八路军收复了多伦、张北和平绥铁路以张家口为中心的大部地区，与此同时国民党军则抢占了北平、南口、大同等城市。

8月至10月

平绥铁路东段解放了康庄至聚乐堡各站，西段从孤山至旗下营也获解放。

解放战争时期平绥铁路工人的积极贡献（1945.9—1949.9）

9月25日

平绥铁路管理局在张家口成立，由张克宇任局长，宣布在职铁路职工全部留用。组织派遣徐平、杨干等建立平绥铁路总工会，组织工人复工恢复生产。

10月2日

张家口市600余名铁路工人举行大会，控诉欺压工人的“张家口铁路局”产业科长董维孝、郝文斌无故开除23名铁路工友。在工友们的强烈要求下，“张家口铁路局”副局长被迫签字答复被解雇的23名工人自本日起立即复工，并将董、郝二人撤职查办。

10月25日

绥蒙军区部队攻克包头，与晋绥军共同围困绥包两地，各车站密切配合运送粮食物资。部队十天后撤出，一批铁路工人随军转移后参军。

10月

国民党当局交通部宣布实行铁路“分区管理制”，将全国铁路划分六个区。各个区成立“接收委员办事处”（后改为铁路局）。平绥铁路划归平津区。

八路军总部命令晋察冀部队东撤，平绥铁路西段管理处移交晋绥部队接管，由绥蒙区党委领导，并由区党委、晋绥分局抽调一批干部担任领导工作。主要干部有：处长蔺子安、白成铭（后为郎觉民）；副处长秦汉；秘书长袁伯海。对留用人员，量才使用，把原来的段、站长和专业技术人员保留下来，还提拔了一批有专长、有觉悟的干部和工人。

西段管理处以丰镇车站为主开展了清算反霸斗争。“润记”面粉公司因在日军占领期间，依仗敌伪势力，侵吞、克扣铁路工人的配给粮食，以谷糠面代替好粮，致多名工人死亡。各站工人清算了这家面粉公司，赔偿工人粮食20多万斤，处罚了副经理，群众称为“糠面斗争”。与此同时，集宁、卓资山也惩办了警务段警官、汉奸、恶霸，清除了土匪。东段斗争了骑在工人头上的产业课长董维孝、机务段长梅富来，处决了伪警官张仲扬、任连举。群众拍手称快。

11月

平绥铁路西段管理处的工会组织成立，工会主任杨干，副主任刘林远，组织部部长郎觉民，宣传部部长刘竹郲。

西段管理处发动工人恢复通车，经过平地泉铁路职工奋战，修好三台机车，以棚车改装了客车，检修了现有车辆，还制定一套适用于客、货行车的制度。30日，丰镇—卓资山临时客车正式通车，每天一个往返。

12月

为保卫胜利果实，维护铁路运输，各地纷纷组建铁路工人纠察队。全线职工举行反内战大集会，抗议国民党反动派轰炸张家口和沿线居民的行径。

1946年

1月

丰镇铁路工会首先成立，会员110人，由马致远担任工会主任；还成立了自卫队，共80余人，由朱永生、高长发负责。各地区、站区工会相继成立。

1月13日

国民党军队攻入集宁，解放军在铁路工人纠察队的配合下，经过一番激战，赶走了国民党军队。绥蒙军区姚喆司令员视察并嘉奖了铁路工人纠察队。

2月7日

平绥铁路解放区各地区张家口、丰镇、平地泉，举行盛大的“二七”纪念大会，各地军政领导出席大会。

3月

平绥西段管理处党委建立，由白成铭任书记，杨干、刘林远、郭存信、董弼臣为委员，发展30多名新党员；向广大铁路职工宣传党的方针、政策，进行形势教育。

东段举办了轮训班，并筹办起“铁路学院”。

3月1日

国民党政府交通部宣布实行铁路“分区管理制”，确定全国各区铁路管理局及其局址。平绥铁路划归“平津区铁路管理局”，下设三个总段，大同以东为第一总段；大同以西为第三总段，第三总段段长为崔世达，并建立“黄色工会”。

4月4日

平绥铁路总工会成立并召开首届代表大会。大会在平绥铁路管理局所在地张家口召开，出席代表92人，列席代表76人。大会受到党中央、晋察冀边区政府、绥蒙区党委的高度重视。大会选出徐平同志为总工会主席，杨干、李连升为副主席，马福祥、樊廷荫、黄源、马致远等人为执行委员。会上通过《平绥铁路总工会目前纲领》。大会向党中央、毛主席、全国、全路发了通电。

4月12日

平绥铁路总工会设立办公机构，由周荣鑫任秘书长，杨青山任组织部部长、何明英任宣传部部长、王荣任劳保部部长、秦道明任工人纠察队队长、邱文荃任俱乐部主任。

西段办事处工会主席仍由杨干同志兼任。

5月

平绥铁路总工会成立初期，在改善职工生活方面，做了以下几项工作：增加工资（以小米折合现金）、安置失业员工、救济贫苦工人、开展正规学习、设立俱乐部开展职工文体活动。

6月26日

国民党军队进攻中原解放区，全面内战爆发。平绥铁路硝烟弥漫，炮火连天。为适应战时需要，铁路工人组成纠察队参加战斗，由宋瑜同志统一指挥。在集宁战役中，纠察队担当维持治安、后勤供应和救护伤员的工作，出色地完成任务，立了战功。

8月

大同、平地泉等地解放战争激烈，平绥铁路总工会组成“平绥铁路工人慰问团”，深入前线慰问解放军战士。

8月14日

平绥铁路总工会为粉碎国民党军队进攻，发动全体职工开展“一斤米十元钱”捐资活动，慰劳前线子弟兵，支援前线，争取胜利。

8月31日

集宁卧龙山失守，西段办事处全体人员随军撤出。

9月5日

丰镇以西沿线各站职工先后撤离。

9月

国民党军队从集宁沿察北公路杀奔张家口，平绥铁路管理局已做好疏散撤离准备，工会成立了交通站，把职工和家属安全转移到革命根据地。

23日，游击队在平绥铁路三道营站附近炸翻敌军运输列车一列；29日，绥蒙军区部队攻克白塔站。

10月10日

平绥铁路总工会（委会）向全国发出通电，抗议声讨国民党当局在平绥铁路南口站杀害12名无辜铁路工人的血腥罪行。

10月25日

国民党占领张家口后，设立“张家口铁路办事处”，并成立国民党特别党部，分东西两段管理。

10月

平绥铁路西段随军撤离的铁路工人来到晋绥军区和行署所在地兴和县。由郎觉民、刘竹邨等同志负责成立职工大队，前往晋西北县西村的晋绥实验学校接受训练。之后，又前往晋中和晋西南，配合军队开辟乡村城镇工作。

1947 年

春

随军撤离的平绥铁路西段职工大队编入晋绥军政干部学校第四大队参加学习深造。

上半年

国民党平津区铁路管理局对曾参加过解放区铁路工作的平绥铁路工人进行甄审考试，全线裁减了一千余人，引起工人极大不满，他们散发传单揭露反动派迫害工人的罪行。

1948 年

3 月

平绥铁路西段丰镇、卓资山、包头等地一度解放，后人民军队又奉命撤出，铁路运输再次中断。铁路工人与解放区加强了联系，往解放区运粮、送药、传情报等。

9 月

丰镇重获解放。平地泉解放，随后卓资山解放，大同以西除绥包段都重获解放。

10 月

原平绥路西段办事处大部分同志回到平地泉，开始组织恢复办事处工作。

12 月 26 日

张家口解放。

1949 年

元旦

东段清河至张家口，西段丰镇至卓资山，均临时通车。

1 月 10 日

华北人民政府电令："为统一平绥铁路交通管理，决定成立平绥铁路管理局，藺子安任局长（兼平绥铁路司令员）。"

1 月 25 日

平绥铁路管理局恢复工作，局长为藺子安、秘书为冯志平。平绥铁路西段办事处也同时恢复办公，由郎觉民任处长，工会主席仍由杨干兼任。

2 月 5 日

平绥铁路西段职工代表大会在平地泉召开，大会选举产生了平绥路西段工会委员会。主席杨干，副主席关英茂，秘书长张冀成，秘书朱永生，组织委员吕树德，文体委员刘德山。会议结束时正值"二七"纪念日，在平地泉又举办了声势浩大的游行。

2 月 22 日

成立平绥铁路局（后为天津铁路管理局），并在天津、北京、张家口设置分局。

5 月 1 日

东北铁路首届职工代表及英雄模范工作者大会在哈尔滨胜利召开，

平绥铁路西段的八名代表，由吕树德带队参会。

大同解放，平绥路西段办事处从平地泉迁往大同，杨青山为工会主席，杨干同志回总工会工作。

6 月 8 日

为推进绥远和平解放，在北平举行了《绥远协议》签订仪式，《绥远协议》共六项 17 款，其中规定：恢复平绥铁路通车，平绥铁路包头至白塔段统一归中国人民革命军事委员会铁道部统一管理。该段旧有职工，原则上暂不更动，车票运费均以人民币为核算标准，在思想改造期间，平绥铁路西段管理处对董其武军政公用运输予以优待和便利。平绥铁路通车旗下营。

上半年

张家口铁路分局委员会成立，下设大同、归绥两个地区工委。10 月以后，党组织在铁路系统中陆续公开。

7 月 1 日—9 日

中华全国铁路总工会职工代表大会在北平召开，天津区 14 人参加大会，平绥铁路代表为刘德山。大会听取了滕代远部长《目前形势与铁道方针、任务》的报告，选举中华全国铁路总工会的领导机构，并于 7 月 1 日在天安门广场接受了毛主席的检阅。

7 月

平绥铁路工人、家属大搞“石砟翻身”运动和“生产节约保安全立功”运动。

为推进《绥远协议》的执行，由华北人民政府派出驻归绥联络处，作为共产党方面的代表机构。联络处下设铁路工作组和银行工作组。铁路工作组由原平绥路西段管理处处长郎觉民担任组长，王士鑫同志任秘书。

铁路工作组深入到铁路员工家中宣传《绥远协议》，讲述通车的意义。许多段长表示要走和平解放道路，按时保证通车。

7月24日

在归绥新城和旧城之间的路上，王士鑫遭特务开枪射击，经抢救无效，壮烈牺牲，终年22岁。

7月26日

王士鑫烈士遗体送至绥远省委所在地丰镇，并召开追悼大会。

8月

傅作义偕邓宝珊乘火车来绥远敦促起义。25日途经丰镇时，绥远省党政军领导人高克林、杨植霖、姚喆等在火车站迎候并进行了热烈的交谈。到达归绥时，董其武、刘万春、赵晓峰等到车站欢迎。

9月19日

绥远和平起义。20日晨，邓偕同孙兰峰将军一起到北平，参加全国首届政治协商会议。这期间铁路保证了安全，路局对各部门给予嘉奖。

9月

北平改为北京，平绥铁路改为京包铁路。中央人民政府设立铁道部，原“平津区铁路管理局”改为“天津铁路局”。京包线仍由张家口铁路分局管理。

10月17日

京包全线修复通车，结束了四年来因战争阻隔通车的局面。

12月17日

绥远省委、绥远省军区、绥远省人民政府以及各群众团体干部千余人，在高克林、苏益谦、杨植霖、姚喆、奎璧的带领下，从丰镇乘火车抵达归绥火车站，受到董其武、孙兰峰及省市各机关、部队、工厂、学校等六十多个单位八千余人的热烈欢迎。

附录三

主要参考书刊资料

[1]《中国工会运动史料全书》总编辑委员会 . 中国工会运动史料全书：内蒙古卷［M］. 呼和浩特：内蒙古人民出版社，1998.
[2] 郝维民 . 内蒙古革命史［M］. 北京：人民出版社，2009.
[3] 内蒙古党委党史研究室 . 中国共产党内蒙古地区史大事记：第一卷［M］. 呼和浩特：内蒙古人民出版社，2004.
[4] 中共内蒙古自治区委员会党史和文献研究室 . 中国共产党内蒙古历史：第一卷：1921—1949［M］. 北京：中共党史出版社，2021.
[5] 中共呼和浩特市委党史资料征集办公室 . 呼和浩特革命史［M］. 呼和浩特：内蒙古大学出版社，1999.
[6] 中国铁路太原局集团有限公司党委宣传部（企业文化部）. 山西铁路革命史话［M］. 太原：山西人民出版社，2021.
[7] 中共大同市委党史办公室 . 中共大同历史纪事［M］. 北京：中央文献出版社 ，2016.
[8] 晋绥革命根据地工人运动史编写组 . 晋绥革命根据地工人运动史：1937.7—1949.9［M］. 北京：中国工人出版社，1992.
[9] 中共包头市委员会党史办公室 . 中国共产党包头历史第一卷：1921—1949［M］. 北京：中共党史出版社，2011.
[10] 中国铁道博物馆 . 抗日烽火中的中国铁路［M］. 北京：中国铁道出版社，2016.
[11] 中共内蒙古自治区委员会党史资料征集委员会内蒙古自治区档案

馆，中国人民解放军档案馆．中国共产党内蒙古地区历史资料丛书：大青山抗日游击根据地资料选编：历史档案部分［M］. 呼和浩特：内蒙古人民出版社，1986.

［12］呼和浩特铁路局志编纂委员会．呼和浩特铁路局志：1914 年—1988 年［M］. 北京：中国铁道出版社，1994.

［13］乌兰夫革命史料编研室．乌兰夫回忆录［M］. 北京：中共党史资料出版社 .1989.

［14］内蒙古党委党史研究室《大青山抗日斗争史》编写组．大青山抗日斗争史［M］. 北京：人民出版社，2009

［15］杨植霖．青山足迹：杨植霖回忆录［M］. 呼和浩特：内蒙古人民出版社，1995.

［16］张锁祥．铁马奔腾：京绥铁路工人运动［M］. 呼和浩特：远方出版社，2011.

［17］呼和浩特铁路局工会工运史研究室．京包铁路工人运动史话［M］. 呼和浩特：内蒙古人民出版社，1993.

［18］林海．寻找父亲的足迹［M］. 呼和浩特：远方出版社，2012.

［19］中国国家铁路集团有限公司党组宣传部．铁路红色故事［M］. 北京：中国铁道出版社，2021.

后 记

《京绥铁路革命史话（内蒙古篇）》一书经过一年多的编纂，终于如期完成。从收集材料到交付初稿、定稿，再到编印成书，我们经历了一个艰辛的搜集整理、挖掘求证、几易其稿的修改过程。如何确立主题，如何划分阶段，如何取舍素材，如何布局全书等，都是我们在编纂过程中需要认真思考和解决的问题。在此期间，中国铁路呼和浩特局集团有限公司党委宣传部负责同志多次与我们共同研究写作方案、提供信息资料、明确修改意见，为本书的编写把关定向。

编纂初期，我们走访了内蒙古自治区多家党史、工运史、革命战争史研究部门和有关专家，多次参观了中国铁路博物馆、集宁战役纪念馆、包头市党群活动中心党史馆、大青山抗日游击根据地展览馆、贺龙指挥部旧址、王若飞同志纪念馆、乌兰夫纪念馆等，均起到了开阔视野、积累素材、拓展思路、学习借鉴的作用。同时，也进一步增强了我们做好后续工作的信心。

在编纂过程中，我们不仅搜集查阅了几百万的图书文献资料，而且还先后到内蒙古档案馆、内蒙古图书馆、内蒙古摄影家协会、呼和浩特市档案馆、包头市档案馆、包头市委党史办、包头市史志办，以及中国铁路呼和浩特局集团有限公司党校、档案馆、《物流时代·资源与物流》杂志社等单位和相关部门，查阅了大量历史资料和研究成果，收集了近千幅历史照片。我们坚持以史为准，本着客观真实、有据可查的原则，经过再三求证与挖掘、仔细核实与整理，力求使本书具有历史的真实性、可靠性、系统性、完整性。

与此同时，我们还走访了相关当事人，从他们的口述中，了解掌握了很多文史资料中不曾记载的鲜为人知的生动素材。有的当事人去世了，他们的后人把珍藏多年的遗物、当年的一些文字资料展现给我们。这些资料有的纸张已经发黄，铅字、墨迹已经褪色，但我们依然从这些宝贵的资料中，找到了老一辈铁路人为了中国人民解放事业和中国铁路建设发展英勇斗争、不畏牺牲的闪光足迹，对本书给予了很好的完善补充。

这是一段足以令我们深深仰望、敬畏和震撼的历史。回望历史，是为了让我们看清来时的路，更加走好前行的路。立足时代新征程，我们要继承革命先辈的光荣传统，把伟大建党精神、京绥铁路革命精神发扬光大。《京绥铁路革命史话（内蒙古篇）》的出版发行，对填补和丰富中国铁路革命史、草原铁路发展史，具有一定的历史价值和现实意义。特别是对铁路广大干部职工发扬革命传统，赓续红色血脉，推动铁路优秀传统文化创造性转化、创新性发展，将起到积极的作用。

我们深知京绥铁路革命史浩繁精深，对京绥铁路百余年来革命故事的挖掘整理工作远没有结束，还有很多革命历史和红色故事需要我们去发现、去传播。

在编纂本书过程中，我们还得到中国铁路呼和浩特局集团有限公司关工委、离退休管理部等部门和个人的大力支持与帮助，在此表示诚挚的感谢！

由于本书内容时间跨度大、涉及面广，很多资料档案分藏多地，较为零散，给我们的编纂工作带来了一定困难，加之我们编纂能力和水平有限，书中难免挂一漏万。不足之处，请专家、学者和广大读者给予指正。

编者

2024 年 9 月